Taco Fiesta: kulinarna podróż przez aromatyczne tacos

Odkryj sztukę robienia taco dzięki ponad 100 nieodpartym przepisom

Olaf Kozłowski

SPIS TREŚCI

WSTĘP

Witamy w „Taco Fiesta: kulinarna podróż po aromatycznych tacos"! Ta książka kucharska jest świętem ukochanej meksykańskiej potrawy, która podbiła serca i kubki smakowe entuzjastów jedzenia na całym świecie. Przygotuj się na kuszącą przygodę, odkrywając różnorodny świat tacos, od tradycyjnych klasyków po innowacyjne kreacje fusion.

W tej książce kucharskiej zebraliśmy kolekcję ponad 100 przepisów na taco, którym nie można się oprzeć, które zabiorą Twoje kubki smakowe w ekscytującą przejażdżkę kolejką górską. Od skwierczących tacos w stylu ulicznym po wykwintne smakołyki i wegetariańskie przysmaki, każdy przepis jest skrupulatnie opracowany, aby wydobyć żywe smaki, tekstury i aromaty, które sprawiają, że tacos są naprawdę wyjątkowe.

Niezależnie od tego, czy jesteś doświadczonym szefem kuchni, czy nowicjuszem w kuchni, ta książka kucharska ma na celu zainspirować Cię i poprowadzić Cię przez sztukę robienia taco. Każdemu przepisowi towarzyszą jasne instrukcje, pomocne wskazówki i żywe zdjęcia, które pobudzą zmysły i sprawią, że kulinarna podróż będzie jeszcze przyjemniejsza.

Więc chwyć za fartuch, zaopatrz się w tortille i pozwól,

aby „Taco Fiesta" była twoim przewodnikiem w tworzeniu niezapomnianych uczt taco dla rodziny i przyjaciół. Przygotuj się na podniesienie poziomu gry w taco i nasycenie posiłków fiestą smaków. Zanurzmy się w świat tacos i rozpocznij kulinarną przygodę jak żadna inna!

1. Resztki Tacos Z Kurczaka

Tworzy: 2

SKŁADNIKI:
- 2 szklanki ugotowanego, rozdrobnionego kurczaka
- 1 szklanka salsy pomidorowej
- 2 łyżki oleju
- 1 ząbek czosnku, przeciśnięty
- 500 gramów czarnej fasoli, ugotowanej i odsączonej
- $\frac{1}{4}$ łyżeczki soli
- 4 tortille
- 1 awokado, pokrojone

INSTRUKCJE:
a) Wyrzuć skórę z kurczaka, wyciągając z niej mięso.

b) Na dużej patelni, na średnim ogniu, podgrzej salsę i kurczaka.

c) W międzyczasie na średniej patelni rozgrzać olej i usmażyć czosnek i fasolę.

d) Dodaj sól i $\frac{1}{2}$ szklanki wody. Zmiażdż fasolę tyłem łyżki, aby uzyskać kremową mieszankę. Zdjąć z ognia.

e) Podgrzej tortille, dodaj kurczaka, a na wierzch połóż awokado, salsę, kolendrę, kawałki limonki i mieszankę smażonej fasoli.

2. Wolnowarowe Tacos Z Kurczaka

SKŁADNIKI:
- 2 funty piersi lub udek z kurczaka
- 8 sztuk ekologicznych lub zwykłych tortilli
- 1 szklanka organicznej lub domowej salsy
- $\frac{1}{2}$ szklanki wody
- 2 łyżeczki mielonego kminku
- 2 łyżeczki chili w proszku
- 1 łyżeczka czosnku w proszku
- 1 łyżeczka mielonej kolendry
- $\frac{1}{4}$ łyżeczki pieprzu cayenne (więcej, aby uzyskać więcej ciepła)
- $\frac{1}{2}$ łyżeczki soli morskiej
- $\frac{1}{4}$ łyżeczki czarnego pieprzu
- Dodatki: świeże posiekane warzywa do wyboru, świeża kolendra, oliwki, awokado, świeża salsa, ćwiartka limonki itp.

INSTRUKCJE:
a) Umieść kawałki kurczaka w powolnej kuchence wraz z wodą, mielonym kminkiem, chili w proszku, czosnkiem w proszku, mieloną kolendrą, pieprzem cayenne, solą i pieprzem. Wymieszaj, aby pokryć kurczaka.

b) Gotuj przez 4 do 5 godzin na wysokim poziomie.

c) Wyjąć kurczaka i pokroić. Wróć do wolnowaru i gotuj przez kolejne 30 minut.

d) Podawaj kurczaka w wrapach z tortilli i dodaj salsę i wybrane dodatki.

3. Cytrusowo-Ziołowe Taco Z Kurczaka

Porcje: 12 tacos

SKŁADNIKI:
TACOS
- 6 udek z kurczaka ze skórą
- 3 piersi z kurczaka, ze skórą
- 2 Limonki, skórka i sok
- 2 Cytryny, skórkę i sok
- 1 szklanka Mieszanka świeżych ziół
- $\frac{1}{4}$ szklanki wermutu lub wytrawnego białego wina
- $\frac{1}{4}$ szklanki oliwy z oliwek
- 1 łyżeczka kuminu, uprażonego
- 1 łyżeczka kolendry, uprażonej
- 1 łyżeczka Czosnek, posiekany

POMYSŁY NA UBRANIA:
- Picked Cilantro Lime Wedges Rzodkiewka Zapałki
- Sałata julienned (szpinak, góra lodowa, masło lub kapusta)
- Pico de Gallo
- Tarty ser
- Kwaśna śmietana
- Marynowana ostra papryka

ZŁOŻYĆ
- 12 tortilli pszennych

INSTRUKCJE:
TACOS
a) Połącz wszystkie składniki i pozwól kurczakowi marynować się przez co najmniej 4 godziny.
b) Grilluj kurczaka, najpierw skórą do dołu.

c) Gdy wystarczająco ostygnie, aby można było z grubsza posiekać.

SKŁADANIE TACOS

a) Weź dwie tortille i umieść w nich około $\frac{1}{4}$ kurczaka i udekoruj wybranymi dodatkami.

b) Podawaj sałatkę z czarnej fasoli i ryżu obok tacos.

4. Kremowe tacos z kurczakiem i awokado

Porcja: 1 porcja

SKŁADNIKI:
- 1 uncja dojrzałego awokado
- 2 łyżki niskotłuszczowego jogurtu naturalnego
- 1 łyżeczka soku z cytryny
- Sól i pieprz
- Kilka rozdrobnionych liści sałaty
- 1 szalotka lub 3 dymki, obrane i pokrojone.
- 1 Pomidor pokrojony w ósemki
- ćwiartka papryki, drobno posiekanej
- 2 muszle taco
- 2 uncje pieczonego kurczaka, pokrojonego w plasterki

INSTRUKCJE:
a) W małej misce rozgnieć awokado widelcem na gładką masę. Dodaj jogurt i sok z cytryny i mieszaj, aż się połączą. Dopraw solą i pieprzem.
b) Wymieszaj sałatę, szalotkę lub dymkę, pomidor i zieloną lub czerwoną paprykę.
c) Ogrzej muszle taco pod umiarkowanym grillem przez 2 do 3 minut.
d) Wyjmij je i zalej mieszanką sałat. Na wierzchu ułożyć kurczaka i polać sosem z awokado. Natychmiast podawaj.

5. Tacos z kurczakiem i oliwkami

Porcja: 1 porcja

SKŁADNIKI:
- ⅔ szklanki Plus 2 łyżki. gotowana pierś z kurczaka; rozdrobnione
- 1 opakowanie mieszanki przypraw do Taco
- 3 uncje kukurydzy w puszkach po meksykańsku; osuszony
- 4 Muszle Taco lub Tortille Mączne
- ⅓ szklanki Plus 1 łyżka. sałata; rozdrobnione
- ½ średniego pomidora; posiekana
- 1 łyżka stołowa Plus 2 łyżeczki pokrojonych dojrzałych oliwek
- 1 uncja rozdrobnionego sera cheddar

INSTRUKCJE:
a) Połącz mieszankę przypraw do kurczaka i taco na patelni na średnim ogniu.
b) Dodaj ilość wody wskazaną na opakowaniu do napełniania taco. Doprowadzić do wrzenia. Zredukuj ciepło do średniego.
c) Dusić 5-10 minut, od czasu do czasu mieszając, aż woda odparuje. Wmieszaj kukurydzę i gotuj, aż się dokładnie rozgrzeje.
d) W międzyczasie podgrzej muszle taco lub tortille zgodnie z instrukcją na opakowaniu. Napełnij każdą muszlę ¼ szklanki nadzienia z kurczaka.
e) Na każdym ułożyć sałatę, pomidora, oliwki i ser.

6. Tacos Verde z kurczakiem i chilli

Porcje: 4 porcje

SKŁADNIKI:

- 3 szklanki posiekanej kapusty
- 1 szklanka świeżej kolendry - lekko zapakowane
- 1 szklanka zielonej salsy chili
- 1 funt piersi z kurczaka bez kości i bez skóry
- 1 łyżeczka oleju sałatkowego
- 1 Piersi z kurczaka bez kości, bez skóry - rozdrobnione wzdłuż
- 3 ząbki czosnku – mielone
- 1 łyżeczka mielonego kminku
- ½ łyżeczki suszonego oregano
- 8 Tortille mączne
- Zredukowana zawartość tłuszczu lub zwykła

INSTRUKCJE:

a) Połącz kapustę, kolendrę i salsę w naczyniu do serwowania; odłożyć na bok.

b) Kurczaka pokroić w poprzek na paski o szerokości ½ cala. Na nieprzywierającej patelni o średnicy od 10 do 12 cali na średnim ogniu mieszaj olej, cebulę i czosnek przez 2 minuty. Zwiększ ogień do wysokiego, dodaj kurczaka i często mieszaj, aż mięso nie będzie już różowe w środku, od 4 do 6 minut.

c) Dodaj kminek i oregano; mieszać przez 15 sekund. Łyżka do naczynia do serwowania. 3.

d) Zawiń tortille w ściereczkę i gotuj w kuchence mikrofalowej na pełnej mocy, aż będą gorące, około 1,5 minuty. Przy stole włóż do tortilli mieszankę kapusty i kurczaka.

7. Tacos z Cheddarem i Ziemniakami Z Kurczaka

Porcja: 1 porcja

SKŁADNIKI:

- ⅔ szklanki Plus 2 łyżki. gotowana pierś z kurczaka; rozdrobnione
- 1 opakowanie mieszanki przypraw do Taco
- 3 uncje zwęglonej kukurydzy
- 4 Muszle Taco lub Tortille Mączne
- ⅓ szklanki Plus 1 łyżka. sałata; rozdrobnione
- ½ średniego pomidora; posiekana
- 1 łyżka stołowa Plus 2 łyżeczki pokrojonych dojrzałych oliwek
- Kwaśna śmietana
- 1 uncja rozdrobnionego sera cheddar

INSTRUKCJE:

a) Połącz mieszankę przypraw do kurczaka i taco na patelni na średnim ogniu.

b) Dodaj ilość wody wskazaną na opakowaniu do napełniania taco. Doprowadzić do wrzenia.

c) Zredukuj ciepło do średniego. Dusić 5-10 minut, od czasu do czasu mieszając, aż woda odparuje.

d) Wmieszaj kukurydzę i gotuj, aż się dokładnie rozgrzeje.

e) W międzyczasie podgrzej muszle taco lub tortille zgodnie z instrukcją na opakowaniu. Napełnij każdą muszlę ¼ szklanki nadzienia z kurczaka.

f) Na każdym ułożyć sałatę, pomidora, oliwki i ser.

g) Na wierzch polać kwaśną śmietaną.

8. Tacos z kurczakiem, ryżem i sherry

Porcje: 6 porcji

SKŁADNIKI:
- 2 funty części kurczaka
- ¼ szklanki mąki
- 2 łyżeczki soli
- ¼ łyżeczki pieprzu
- 1 szklanka posiekanej cebuli
- ¼ szklanki masła
- 2 łyżki sosu Worcestershire
- ¼ łyżeczki czosnku w proszku
- 1 szklanka sosu chilli
- 1½ szklanki bulionu z kurczaka
- 3 szklanki gorącego ryżu, ugotowanego
- ½ szklanki wytrawnej sherry

INSTRUKCJE:
a) Roladki z kurczaka obtaczamy w mące, soli i pieprzu.
b) brązowy na margarynie.
c) Odepchnij kurczaka na bok.
d) Dodaj cebulę, smaż, aż będzie przezroczysta.
e) Wmieszaj pozostałe składniki oprócz ryżu. Doprowadzić do wrzenia, przykryć i zmniejszyć ogień, a następnie gotować na wolnym ogniu przez 35 minut.
f) Podawaj kurczaka i sos na łożu z puszystego ryżu.

9. Taco z grillowanym kurczakiem i czerwoną papryką

Porcje: 6 porcji

SKŁADNIKI:

- 1,5 funta Kurczak bez kości, bez skóry b
- 2 Pieczona czerwona papryka Pee
- 2 Łodygi selera, umyte i pokrojone
- 1 Med czerwona cebula, obrana i posiekana
- $\frac{1}{2}$ szklanki ugotowanej czarnej fasoli
- $\frac{1}{4}$ szklanki posiekanych liści kolendry
- $\frac{1}{4}$ szklanki octu balsamicznego
- $\frac{1}{4}$ szklanki oleju
- $\frac{1}{4}$ szklanki soku pomarańczowego
- $\frac{1}{4}$ szklanki soku z limonki
- 2 ząbki czosnku, obrane i mi
- 1 łyżeczka Mielone nasiona kolendry
- $\frac{1}{2}$ łyżeczki pieprzu
- $\frac{1}{2}$ łyżeczki soli
- $\frac{1}{4}$ szklanki kwaśnej śmietany lub jogurtu beztłuszczowego
- 6 (8 cali) tortilli z mąki

INSTRUKCJE:

a) ROZPAL GRILL LUB ROZGRZEJ brojlera. Rozbij piersi z kurczaka na równą grubość i grilluj lub smaż z obu stron, aż będą ugotowane, ale nie wysuszone, około 4 minuty z każdej strony. To ma sens: grillować papryki w tym samym czasie. Pokrój, odłóż na bok.

b) W misce wymieszaj paprykę, seler, cebulę, czarną fasolę i kolendrę. Połącz ocet, olej, sok pomarańczowy, sok z limonki, czosnek, kolendrę, pieprz. Połącz z solą i kwaśną śmietaną lub jogurtem w słoiku z ciasno dopasowaną pokrywką. Dobrze wstrząśnij i polej dressingiem warzywa.

c) Marynuj warzywa przez 1 godzinę w temperaturze pokojowej. Umieść dużą patelnię na średnim ogniu i grilluj tortille przez 30 sekund z boku, aby zmiękły. Aby podać, podziel kurczaka na tortille, umieszczając go na środku tortilli.

d) Podziel warzywa i ich sos na kurczaka i zwiń tortillę w cylinder.

e) Natychmiast podawaj; danie powinno mieć temperaturę pokojową.

10. Taco z wołowiną

Porcje: 8 porcji

SKŁADNIKI:
- $\frac{1}{2}$ funta chudej mielonej wołowiny
- 8 pełnoziarnistych tortilli
- 1 opakowanie przyprawy do taco
- Posiekana sałata rzymska i 2 duże pomidory
- $\frac{3}{4}$ szklanki wody
- 2 szklanki startego sera cheddar

INSTRUKCJE:
a) Do średniego rondla dodaj trochę wody, mieloną wołowinę i przyprawę do taco, a następnie zagotuj wszystko.
b) Podgrzej tacos z obu stron zgodnie z instrukcją na opakowaniu, a następnie udekoruj mięsem, warzywami i sosem.

11. Wołowina z dzikimi grzybami, stek i tacos Poblano

Porcje: 6 porcji

SKŁADNIKI:
- 1 łyżka oliwy z oliwek
- 12 tortilli kukurydzianych
- 1 funtowy stek wołowy
- 12 łyżek sosu salsa i ½ łyżeczki kolendry
- ½ łyżeczki soli i czarnego pieprzu
- 2 szklanki surowej cebuli i 1 szklanka mielonego czosnku
- ¾ szklanki meksykańskiego sera
- 1 papryka Poblano
- 2 szklanki leśnych grzybów

INSTRUKCJE:
a) Rozpocznij smażenie mięsa wołowego na wysmarowanej olejem średniej patelni, razem z solą i pieprzem. Po 5 minutach gotowania z obu stron wyjmij steki i odłóż je na bok.

b) Dodaj pozostałe składniki na patelnię i smaż je przez 5 minut.

c) Podawaj ciepłe tortille z mieszanką grzybów, pokrojonym stekiem, sosem salsa i tartym meksykańskim serem.

12. Niskotłuszczowe tacos z wołowiną i fasolą

Porcje: 4 porcje

SKŁADNIKI:
- 1 funt mielonej wołowiny
- smażona fasola
- 8 muszli taco i przyprawa do taco
- 1 słodka cebula
- sos salsa
- tarty ser cheddar
- 1 pokrojone awokado
- kwaśna śmietana

INSTRUKCJE:
a) Rozpocznij smażenie wołowiny na naoliwionej patelni i dodaj fasolę i przyprawy.
b) Umieść tacos na talerzu i dodaj mieszankę mięsną, sos salsa, kwaśną śmietanę, pokrojone awokado i posiekany ser cheddar.

13. Tacos z Cheddarem Wołowym

Porcje: 16 porcji

SKŁADNIKI:
- 1 ½ funta chudej mielonej wołowiny
- 8 całych tortilli kukurydzianych
- 1 opakowanie przyprawy do taco
- 1 słoik sosu salsa
- 2 szklanki startego sera cheddar

INSTRUKCJE:
a) Na posmarowanej olejem patelni powoli zrumienić mieloną wołowinę, dodać sos salsa i dobrze wymieszać, a następnie odcedzić mięso.

b) Rozgrzej każdą tortillę i dodaj mieszankę mięsną, przyprawy, dodaj trochę sosu salsa i ser cheddar.

14. Wolnowarowe Tacos Z Kurczaka

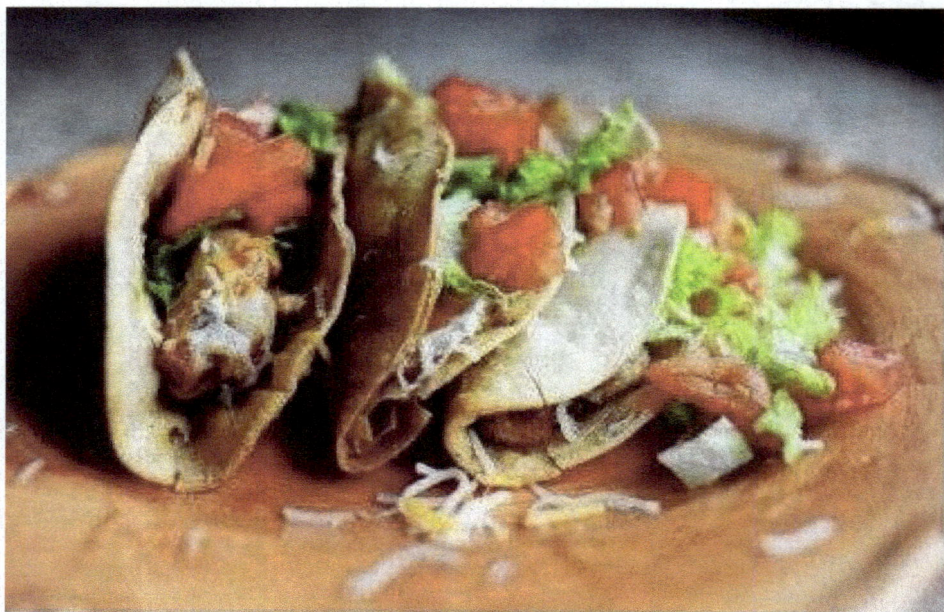

Porcje: 8 porcji

SKŁADNIKI:
- 1 funt piersi z kurczaka
- 1 opakowanie przyprawy do taco
- 1 słoik salsy
- 2-3 pomidory
- Ser Cheddar

INSTRUKCJE:
a) Weź średni garnek i gotuj mięso z kurczaka przez około 8 godzin na małym ogniu.
b) Przed podaniem na tortille rozdrobnij i dodaj pozostałe składniki oraz przyprawy.

15. Szybkie i łatwe mielone tacos z indyka

Porcje: 8 porcji

SKŁADNIKI:
- 1 funt mielonego indyka
- przyprawy do taco
- 1 szklanka tartego sera
- $\frac{3}{4}$ szklanki wody
- 1 puszka pokrojonych w kostkę pomidorów z bazylią, oregano i czosnkiem
- 1 puszka czarnej fasoli
- niskowęglowodanowe tortille i sałata

INSTRUKCJE:
a) Na średniej patelni zacznij smażyć mięso z indyka, aż się zarumieni.

b) Dodaj wodę, pokrojone w kostkę pomidory i fasolę, gotuj na wolnym ogniu, aż staną się spójne.

c) Nałóż mieszankę na każdą tortillę, dodaj sałatę i pokrojony ser.

16. Wolnowarowe tacos z kurczaka z kolendrą i limonką

Porcje: 6 porcji

SKŁADNIKI:
- 1 funt piersi z kurczaka
- 1 słoik salsy
- 3 łyżki świeżej kolendry
- 1 opakowanie przyprawy do taco
- 1 limonka (sok)
- 6 pełnoziarnistych tortilli

INSTRUKCJE:
a) Umieść mięso z kurczaka, przyprawę do taco, kolendrę, sok z limonki i salsę w średniowolnej kuchence; gotowanie przez 8-10 godzin na małym ogniu (można to zrobić przez noc).

b) Po tym czasie rozdrobnij mięso i ułóż je na tortilli, dodając dodatki do smaku (oliwki, sałata, cebula i inne sosy).

17. Tacos Z Kurczaka Z Domową Salsą

Porcje: 2 porcje

SKŁADNIKI:
PIKANTNE MIĘSO :
- 1 pierś z kurczaka (pokrojona w kostkę)
- 1 ząbek czosnku
- ½ pomidora
- ½ łyżeczki cebuli i chili w proszku
- ½ łyżeczki kminku i papryki
- ½ limonki (sok)

SALSA:
- ¼ szklanki posiekanej cebuli
- ½ pokrojonego w kostkę pomidora
- 1 szczypta soli
- ¼ szklanki świeżej kolendry
- ½ soku z limonki
- ½ pokrojonego w kostkę awokado
- ½ małej papryczki Jalapeño

INNY:
- 4 tortille kukurydziane
- ¼ szklanki sera mozzarella
- ½ szklanki sałaty (poszatkowanej)

INSTRUKCJE:
a) Weź średnią patelnię, dodaj kurczaka, przyprawy, czosnek i sok z limonki, gotuj wszystko, aż będzie gotowe.
b) Na smażonego kurczaka wyłożyć pokrojone w kostkę pomidory.
c) W międzyczasie zacznij mieszać składniki na sos salsa. Podgrzej każdą tortillę kukurydzianą, dodaj mieszankę z kurczaka, sałatę, sos salsa i mozzarellę.

18. Miękkie Tacos Z Kurczakiem Limonkowym

Porcje: 10 porcji

SKŁADNIKI:

- 1 ½ funta mięsa z piersi (pokrojonego w kostkę)
- 10 tortilli wielkości Fajita
- ¼ szklanki octu z czerwonego wina
- ¼ szklanki sosu salsa
- ½ soku z limonki
- 1 łyżeczka splendy
- ¼ szklanki sera Monterey Jack (rozdrobnionego)
- ½ łyżeczki soli i mielonego czarnego pieprzu
- 1 pokrojony w kostkę pomidor
- ½ szklanki sałaty (poszatkowanej)
- 2 zielone cebule i ząbki czosnku
- 1 łyżeczka suszonego oregano

INSTRUKCJE:

a) W średnim rondlu podsmaż pierś z kurczaka na średnim ogniu przez około 15 minut.

b) Dodaj trochę soku z limonki, zieloną cebulę, ocet, oregano i inne przyprawy, wszystko dobrze gotując jeszcze przez 5 minut.

c) Podgrzej każdą tortillę fajita na dużej patelni na średnim ogniu z każdej strony.

d) Przygotuj każdą tortillę, dodając mieszankę mięsa z kurczaka,

19. Taco z kurczakiem po teksańsku

Porcje: 4 porcje

SKŁADNIKI:
- 8 tortilli kukurydzianych
- 1 funt piersi z kurczaka (kawałki)
- $\frac{1}{2}$ szklanki kwaśnej śmietany
- $\frac{1}{2}$ szklanki soku pomarańczowego
- 1 łyżeczka skrobi kukurydzianej
- $\frac{1}{4}$ szklanki świeżej kolendry
- 1 szklanka zamrożonej kukurydzy z pełnymi ziarnami
- 1 łyżeczka skórki z limonki
- 1 papryczka jalapeno
- 1 średnio słodka czerwona papryka
- 3 ząbki czosnku
- 2 łyżeczki oliwy z oliwek
- $\frac{1}{4}$ łyżeczki soli i czarnego pieprzu

INSTRUKCJE:
a) Umieść mięso z kurczaka i pozostałe składniki marynaty w plastikowej torbie i włóż do lodówki na 1-2 godziny. Gdy jest dobrze marynowany, odcedź go i gotuj na średniej patelni, aż będzie chrupiący i delikatny.

b) Dodaj słodką paprykę, trochę marynaty i skrobię kukurydzianą i gotuj wszystko jeszcze przez 2 minuty.

c) Podgrzej każdą tortillę w kuchence mikrofalowej przez 40 sekund, podziel kurczaka i dodaj trochę kwaśnej śmietany, sałaty, cebuli i przypraw.

20. Tacos Z Kurczakiem Na Twardych Skorupach I Podsmażoną Fasolą

Porcje: 5 porcji

SKŁADNIKI:
- 1 szklanka rozdrobnionego meksykańskiego sera
- 5 kukurydzianych tacos
- 1 funt mięsa z kurczaka
- 1 opakowanie przypraw do taco
- 1 szklanka posiekanej cebuli i pomidorów
- ¾ szklanki wody i 1 puszka smażonej fasoli
- 3 uncje liści szpinaku
- ½ szklanki sosu salsa

INSTRUKCJE:
a) Zacznij kroić mięso z kurczaka i cebulę na małe kawałki, a następnie smaż je na średniej patelni na średnim ogniu przez 2-3 minuty.
b) Dodać liście szpinaku, wodę i przyprawy, wszystko zagotować.
c) Podgrzej każdą tortillę kukurydzianą w kuchence mikrofalowej, dodaj mieszankę z kurczakiem, trochę więcej liści szpinaku, pomidory, fasolkę szparagową, sos salsa, ser i trochę przypraw.

21. Miękkie Tacos Z Jabłkiem I Cebulą Kurczak

Porcje: 4 porcje

SKŁADNIKI:
- 6 Tortille mączne
- 2 piersi z kurczaka (kostki)
- 1 łyżka masła
- 1 ząbek czosnku
- ½ łyżeczki mielonej gałki muszkatołowej i czarnego pieprzu
- 2 szklanki pokrojonych jabłek i 1 szklanka pokrojonej cebuli
- 4 łyżki salsy mango
- 1 łyżka oliwy z oliwek

INSTRUKCJE:
a) Na średnim ogniu rozgrzej trochę masła na średniej patelni.
b) Dodaj jabłka i cebulę, smaż je, aż się zrumienią. Wyjmij jabłka i cebulę i gotuj pokrojone w kostkę piersi z kurczaka, aż się ugotują.
c) Przełożyć cebulę i jabłka, posiekany czosnek i przyprawy.
d) Każdą tortillę posmarować mieszanką i odrobiną salsy z mango.

22. Taco z kurczakiem Fajita

Porcja: 1 porcja

SKŁADNIKI:
- 1 funt Mięso z Kurczaka
- 3 tortille kukurydziane
- $\frac{1}{4}$ puszki sera cheddar
- 1 łyżeczka przyprawy do fajity
- $\frac{1}{4}$ puszki pomidorów
- $\frac{1}{4}$ sałaty
- 1 łyżka salsy łagodnej

INSTRUKCJE:
a) Ugotować kawałek, kurczaka i przyprawy fajita.

b) Na średniej patelni rozgrzej każdą tortillę kukurydzianą, aż stanie się chrupiąca.

c) Umieść 1 łyżeczkę sosu salsa na każdej tortilli, dodaj kurczaka i pozostałe warzywa.

23. Fiesta Tacos z Kurczakiem

Porcje: 10 porcji

SKŁADNIKI:
- 1 $\frac{1}{2}$ funta piersi z kurczaka
- $\frac{1}{2}$ łyżki cebuli i czosnku w proszku
- 1 puszka zupy serowej nacho
- 1 opakowanie przyprawy do taco
- 6 łyżek zielonego sosu chili
- 4 łyżki salsy

INSTRUKCJE:
a) Weź garnek i dodaj pierś z kurczaka. W średniej misce wymieszaj pozostałe składniki, a następnie polej nimi kurczaka.

b) Ustaw czas gotowania na 6-8 godzin na małym ogniu. Rozdrobnij kurczaka za pomocą małego noża.

24. Grillowane Tacos Z Kurczaka

SKŁADNIKI:

- $\frac{1}{2}$ kg udek z kurczaka, obranych ze skóry i bez kości
- 1 średnia cebula, obrana i pokrojona w duże kliny
- 2 ząbki czosnku, drobno posiekane
- 1 łyżka nasion kminku, posiekanych
- 1 łyżka oleju roślinnego
- 1 łyżeczka soli
- $\frac{1}{2}$ łyżeczki czarnego pieprzu
- 8 tortilli

INSTRUKCJE:

a) Ustaw grill na średnio-wysokim ogniu. W średniej misce wymieszaj kurczaka, cebulę, czosnek, kminek, sól, pieprz i olej.

b) Grilluj cebulę i kurczaka przez cztery minuty z każdej strony lub do momentu, aż będą lekko zwęglone i ugotowane.

c) Pozwól kurczakowi ostygnąć przez kilka minut, zanim go pokroisz i podasz z pokrojonym w plastry awokado, Salsą Verde z Charred Tomatillo, gałązkami kolendry, kawałkami limonki i pokrojonymi rzodkiewkami.

25. Miękkie tacos z kurczakiem i kukurydzą

Tworzy: 5

SKŁADNIKI:
- $\frac{1}{2}$ kg kurczaka bez kości, pokrojonego w cienkie paski
- 1 szklanka salsy
- 25 gramów przyprawy do taco
- 2 szklanki białego ryżu
- 10 tortilli z mąki pszennej
- $\frac{3}{4}$ szklanki tartego sera
- Ziarna kukurydzy
- Posiekana kolendra do dekoracji

INSTRUKCJE:
a) Na średnim ogniu rozgrzej trochę oleju na dużej patelni.
b) Dodać kurczaka i smażyć mieszając przez około 7 minut lub do momentu, aż kurczak będzie gotowy.
c) Dodać 2 szklanki wody, salsę i mieszankę przypraw i zagotować.
d) Dodaj ryż, przykryj i gotuj przez 5 minut.
e) Nałóż mieszankę na wcześniej podgrzane tortille i posyp obficie serem cheddar.
f) Dodaj kilka ziaren kukurydzy według uznania.
g) Udekoruj kolendrą.

26. Taco Z Cheddarem Z Kurczaka Z Rożna

Robi: 6

SKŁADNIKI:
- 3 szklanki kurczaka z rożna, drobno posiekanego lub rozdrobnionego
- ½ szklanki salsy
- 2 łyżki miodu
- 1 łyżka limonki
- 2 łyżki przyprawy do taco
- Sól
- Pieprz
- 6 tortilli kukurydzianych
- Oliwa z oliwek
- Ser Cheddar, rozdrobniony

INSTRUKCJE:
a) Wymieszaj wszystkie składniki oprócz kurczaka i sera.

b) Umieść rozdrobnionego kurczaka w pojemniku nadającym się do kuchenki mikrofalowej i wymieszaj z resztą mieszanki.

c) Umieść ten pojemnik w kuchence mikrofalowej na 2 minuty, weź go

d) Wyjmij, zamieszaj i powtarzaj proces, aż kurczak będzie odpowiednio podgrzany.

e) Rozgrzej patelnię z odrobiną oleju i podgrzej tortille, aż będą złocistobrązowe z obu stron.

f) Umieść mieszankę kurczaka równomiernie na wszystkich tortillach. Posyp tartym serem i podawaj z sałatą, pokrojoną w ćwiartkę wiśnią

g) pomidory, kolendra i kwaśna śmietana.

27. Tacos z kurczakiem Buffalo

Robi: 3

SKŁADNIKI:
- 1 szklanka selera (pokrojonego w kostkę)
- 2 szklanki kurczaka z rożna, drobno posiekanego
- $\frac{1}{2}$ szklanki czerwonego, gorącego sosu ze skrzydełek bawole
- 1 łyżka oleju
- 6 tortilli kukurydzianych
- 1 $\frac{1}{2}$ szklanki meksykańskiego sera (mieszanka)
- Sól

INSTRUKCJE:
a) Umieść rozdrobnionego kurczaka w misce i polej sosem Buffalo. Dobrze wymieszaj, a następnie włóż do kuchenki mikrofalowej, aby ją podgrzać.
b) Na patelnię wlewamy łyżkę oliwy i za pomocą tortilli
c) równomiernie rozprowadź olej na całej powierzchni. Posyp solą morską z jednej strony
d) tortilli, pozwalając im zmienić kolor na złocisty
e) proces.
f) W ciągu 30 sekund odwróć każdą tortillę i posyp drugą stronę odrobiną sera. Możesz również użyć zwykłego sera cheddar. Gdy ser się roztopi, posyp kurczakiem i selerem.
g) Podawać z serem pleśniowym posypanym na wierzchu lub ostrym sosem.

28. Taco z wołowiną z grilla

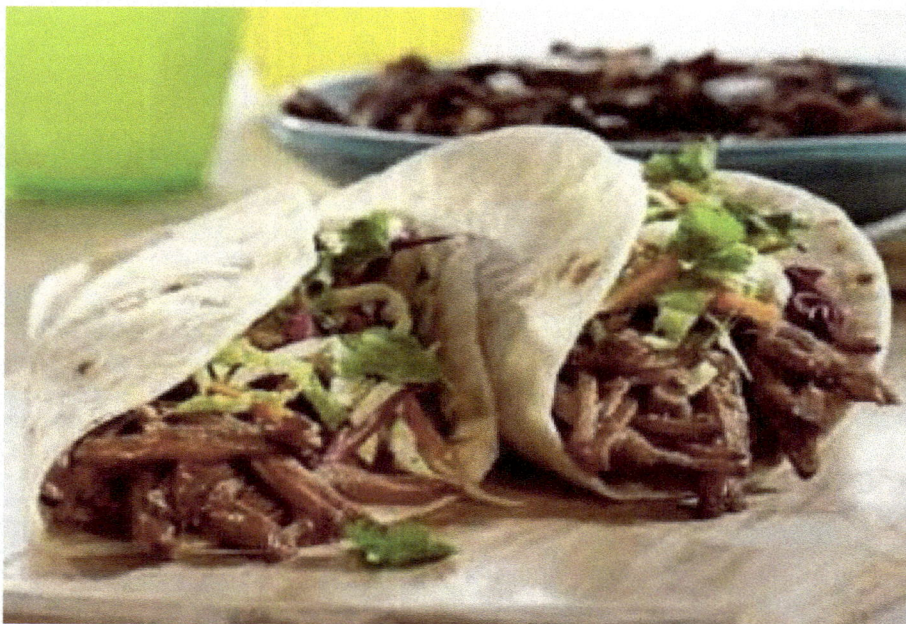

Porcje: 8 porcji

SKŁADNIKI:
- 1 funt chudej mielonej wołowiny (lub indyka)
- ½ szklanki tartego meksykańskiego sera
- 1 pokrojona cebula i czerwona papryka
- 8 pełnoziarnistych tortilli
- ½ szklanki sosu barbecue
- 1 pokrojony w kostkę pomidor

INSTRUKCJE:
a) Rozpocznij smażenie mięsa wołowego, cebuli i papryki na średnio naoliwionej patelni, aż będzie dobrze ugotowane, od czasu do czasu mieszając.

b) Dodaj sos i gotuj wszystko przez 2 minuty.

c) Wlej mieszankę mięsną na każdą tortillę i przed podaniem posyp serem i pomidorami.

29. Tacos De Barbacoa

Porcje: 20 porcji

SKŁADNIKI:
- 4 funty mięsa wołowego
- $\frac{1}{4}$ szklanki octu jabłkowego
- 20 tortilli kukurydzianych
- 3 łyżki soku z limonki
- $\frac{3}{4}$ szklanki bulionu z kurczaka
- 3-5 papryczek chipotle z puszki
- 2 łyżki oleju roślinnego i 3 liście laurowe
- 4 ząbki czosnku i kminek
- 3 łyżeczki meksykańskiego oregano
- 1 $\frac{1}{2}$ łyżeczki soli i mielonego czarnego pieprzu
- $\frac{1}{2}$ łyżeczki mielonych goździków
- ćwiartki cebuli, kolendry i limonki (posiekane)

INSTRUKCJE:
a) Wymieszaj w średniej misce sok z limonki, ząbki czosnku, ocet jabłkowy i inne przyprawy, aż staną się gładkie jak pasta.

b) Weź mięso i smaż je na naoliwionej patelni przez 5 minut z obu stron. Dodaj miksturę z miski na mięso i dobrze mieszaj.

c) Po kolejnych 10 minutach, gdy składniki się gotują, włóż mieszaninę do nagrzanego piekarnika. Gotować około 4-5 godzin.

d) Podawaj tortille kukurydziane z mieszanką z piekarnika, cebulą, kolendrą, kawałkami limonki i innymi przyprawami.

30. Chrupiące tacos z dziczyzny

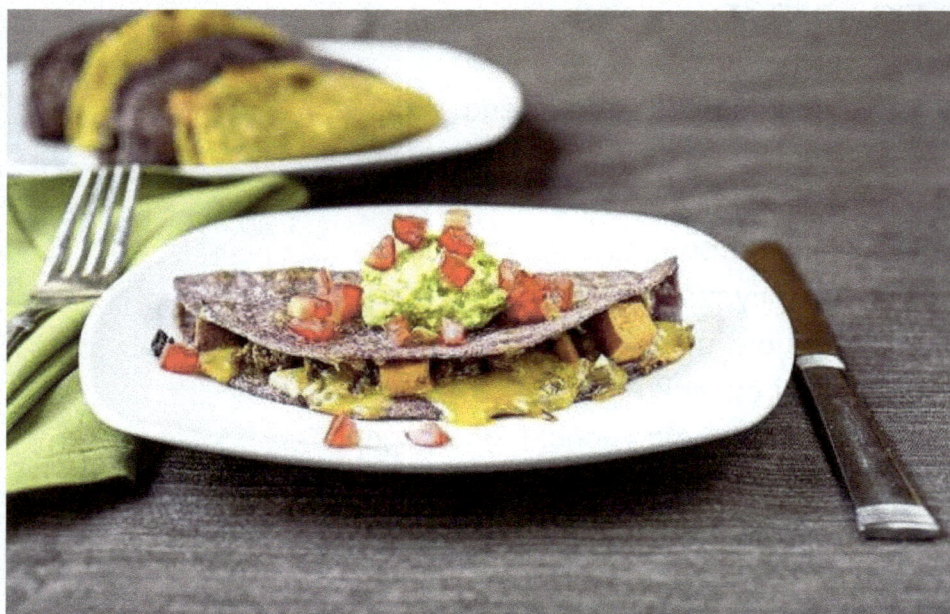

Porcje: 7 porcji

SKŁADNIKI:
- 1 funt mielonej dziczyzny
- 21 muszli taco
- 2 łyżki sosu taco
- 1 puszka ponownie smażonej fasoli Taco Bell
- 1-2 szklanki posiekanej sałaty
- 1 łyżeczka mieszanki przypraw chili
- $1\frac{1}{2}$ szklanki startego sera

INSTRUKCJE:
a) Zacznij nagrzewać piekarnik do 325 stopni Celsjusza, a następnie gotuj mieloną dziczyznę na średniej patelni, aż się ładnie zrumieni.

b) Dodaj 2 łyżki sosu, przyprawy i ponownie podsmażoną fasolę, gotuj, aż się dobrze rozgrzeje.

c) W międzyczasie podgrzej każdą tortillę w piekarniku przez kilka minut, a następnie połącz z sałatą, sosem, mieszanką mięsną i odrobiną startego sera.

31. Taco ze stekiem Carne Asada

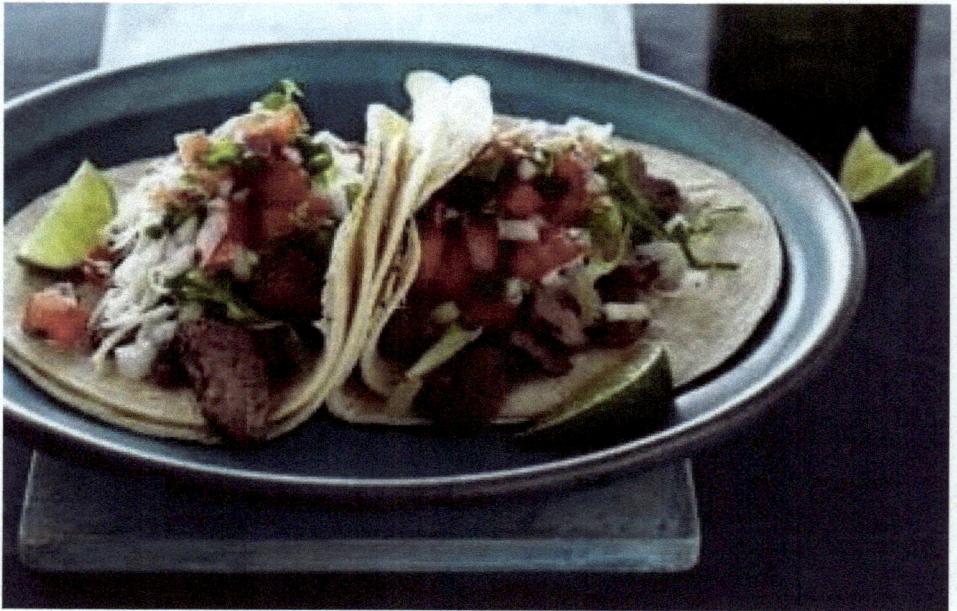

Porcje: 12 porcji

SKŁADNIKI:
- 2 funtowe steki z flanki
- 1 łyżka przyprawy do mięsa
- Sok z 1 limonki i 1 łyżeczka kminku
- ½ łyżeczki soli i mielonego pieprzu
- 2 łyżki mielonego czosnku i 1 odrobina pieprzu cayenne
- ½ łyżeczki chili w proszku
- 2 łyżki świeżej kolendry

INSTRUKCJE:
a) W razie potrzeby odetnij tłuszcz z mięsa, a następnie umieść je w dużej torbie razem z limonką, 2 łyżkami wody, przyprawami i wstaw do lodówki, aby wszystko dobrze się pokryło.

b) Wyjmij mięso i grilluj przez 5 minut z każdej strony. Zacznij przygotowywać tortille, dodając warzywa, grillowane mięso i trochę przypraw.

32. Tacos Naleśnikowe Z Ciecierzycy Z Cielęciną I Bakłażanem

Robi: 4

SKŁADNIKI:

- 2 ¼ szklanki mąki z ciecierzycy
- ¼ szklanki jogurtu naturalnego
- 2 ½ łyżeczki soli (podzielone)
- 3 ½ łyżki oliwy z oliwek
- ¼ kg cielęciny (mielonej)
- 1 ½ łyżeczki kminku (mielonego)
- ¼ łyżeczki płatków czerwonej papryki (zmiażdżonej)
- 1 funt bakłażana i pokrój je w kostkę o wielkości 1 cala
- 3 ząbki czosnku (pokrojone w cienkie plasterki)
- ¼ szklanki rodzynek (złotych)
- ¼ szklanki czerwonego wina
- 15 uncji pomidorów (pokrojonych w kostkę)
- ¼ szklanki orzeszków piniowych (prażonych)

INSTRUKCJE:

a) W średniej misce wymieszaj mąkę z ciecierzycy razem z jogurtem, 1 ¼ łyżeczki soli i wodą (2 filiżanki i 1 łyżka stołowa) i odłóż na bok.

b) Na średnim ogniu, na dużej patelni rozgrzej 1 łyżkę oleju. Dodaj cielęcinę, czerwoną paprykę, kminek i ¼ łyżeczki soli na patelnię, aby ugotować cielęcinę.

c) Pamiętaj, aby często łamać i mieszać cielęcinę, aby się nie zlepiła. Gdy cielęcina zacznie się rumienić (po około 4 minutach) zdejmij mięso i przyprawy z patelni i umieść je w średniej misce.

d) Na patelni rozgrzać 2 łyżki oleju, dodać bakłażana i pozostałą sól. Smaż bakłażana przez 5 minut lub do momentu, aż zbrązowieje ze wszystkich stron.

e) Teraz dodaj czosnek i mieszaj od czasu do czasu, aż zmieni kolor na jasnobrązowy.

f) Dodaj rodzynki i wino, aby ugotować mieszaninę. Pamiętaj, aby mieszać w sposób ciągły, przez minutę, aby mieszanina była równomiernie ogrzewana.

g) Dodaj pokrojone w kostkę pomidory (z sokiem), mieszankę jagnięcą, orzeszki piniowe i $\frac{1}{4}$

h) szklanka wody. Wymieszaj i zmniejsz ogień do średniego płomienia, aby mieszanina

i) można dusić. Mieszaj od czasu do czasu. Po około 15 minutach, gdy większość soków odparuje, zamknij płomień.

j) Zamieszaj pozostały olej na 8-calowej nieprzywierającej patelni, wytrzyj ją ręcznikiem papierowym, aby pozostawić na patelni tylko połysk oleju, i podgrzej do średniej mocy.

k) Ubijając mieszankę mąki, wlej około jednej trzeciej filiżanki na patelnię.

l) Obracaj, aby całkowicie pokryć patelnię ciastem, aby zrobić naleśnik, smażąc z obu stron, aż się zrumienią. Zdejmij naleśnik z patelni i powtórz proces z pozostałym ciastem.

m) Na naleśniki nałożyć nadzienie jagnięce.

n) Podawać z zielonymi warzywami, jogurtem i kawałkami cytryny.

33. Stek Tacos i Salsa

Robi: 4

SKŁADNIKI:
- 2 łyżki oliwy z oliwek, podzielone
- ½ kg steku z flanki
- Sól
- Czarny pieprz
- ½ szklanki liści kolendry
- 4 rzodkiewki, przycięte i drobno posiekane
- 2 dymki, cienko pokrojone
- ½ jalapeño, usunąć nasiona i drobno posiekać
- 2 łyżki soku z limonki
- 8 tortilli kukurydzianych

INSTRUKCJE:
a) Dopraw stek solą i pieprzem i smaż z każdej strony na patelni na dużym ogniu.

b) Wlej oliwę na patelnię i smaż z każdej strony przez około 5-8 minut. Pozwól mu odpocząć przez kolejne pięć minut.

c) Posiekaj połowę kolendry i wymieszaj z rzodkiewką, jalapeno, cebulą, sokiem z limonki i 1 łyżką oliwy z oliwek. Doprawiamy solą, pieprzem i salsą.

d) Stek pokroić w plastry, ułożyć na każdej tortilli wraz z porcją mieszanki warzywnej.

e) Podawać z serem queso fresco i resztą kolendry.

34. Taco z mielonej wołowiny

Robi: 4

SKŁADNIKI:
- 8 tortilli kukurydzianych
- 750 gramów mielonej wołowiny
- 4 łyżki przyprawy do taco
- 1 szklanka sałaty lodowej, poszatkowanej
- 1 szklanka pomidorów winogronowych, przekrojonych na pół
- ½ czerwonej cebuli, drobno pokrojonej
- 1 awokado, pokrojone

INSTRUKCJE:
a) Na patelni ugotuj razem mieloną wołowinę i przyprawę do taco, np
b) około 7 minut na średnim ogniu, aby mięso było ugotowane
c) Poprzez. Odcedź, aby usunąć nadmiar tłuszczu.
d) Podgrzej tortille i złóż z równych porcji mieszanki wołowej i udekoruj sałatą, pomidorami, cebulą i awokado. Podawać z kawałkami limonki.

35. Pan Tacos z Mieloną Wołowiną i Białym Ryżem

Robi: 4

SKŁADNIKI:
- ½ kg wołowiny
- 1 łyżeczka kminku
- 1 łyżka chili w proszku
- 2 szklanki białego ryżu
- 1 szklanka sera, posiekanego
- 2 szklanki wody
- 8 tortilli pszennych
- Sól

INSTRUKCJE:
a) Smaż mięso na dużej patelni przez około 10 minut. Odcedź do
b) usunąć tłuszcz.
c) Dodaj przyprawy, mieszaj przez 30 sekund przed dodaniem wody. Upewnij się, że jest na dużym ogniu, aby szybko się zagotował. Wmieszać ryż i ser. Przykryj i gotuj na średnim ogniu przez 5 minut.
d) W razie potrzeby odcedź, aby usunąć nadmiar oleju i wody.
e) Złóż, umieszczając równe porcje na każdej tortilli, dodaj posiekaną sałatę i pokrojone pomidory, aby podać.

36. Tacos z Resztkami Hamburgerów

Robi: 4

SKŁADNIKI:
- 250 gramów hamburgera
- 1 szklanka wody
- 1 opakowanie przyprawy do taco
- 8 tortilli kukurydzianych

INSTRUKCJE:
a) Dodaj hamburgera (lub substytut) na patelnię i podgrzej na średnim ogniu, aż się zrumieni i rozgrzeje.

b) Dodaj przyprawę do taco i wodę i gotuj przez 5 minut, aby było gotowe do podania.

c) Kiedy mięso jest już dokładnie ugotowane, złóż tacos z mięsa i pokrojonych w kostkę warzyw, takich jak pomidory, cebula i sałata. Podawać z ćwiartkami limonki i tartym serem do posypania.

37. <u>Tacos z wołowiną w stylu bawoła</u>

Porcje: 4 porcje

SKŁADNIKI:
- 1 funt mielonej wołowiny (95% chudej)
- ¼ szklanki sosu z pieprzu cayenne do skrzydeł Buffalo
- 8 muszli taco
- 1 szklanka cienko pokrojonej sałaty
- ¼ szklanki o obniżonej zawartości tłuszczu lub zwykłego przygotowanego sosu z sera pleśniowego
- ½ szklanki startej marchewki
- ⅓ szklanki posiekanego selera
- 2 łyżki posiekanej świeżej kolendry
- Marchew i seler naciowy lub gałązki kolendry

INSTRUKCJE:
a) Rozgrzej dużą nieprzywierającą patelnię na średnim ogniu, aż będzie gorąca.

b) Dodaj mieloną wołowinę; gotować 8 do 10 minut, rozbijając na małe okruchy i od czasu do czasu mieszając. Zdjąć z patelni łyżką cedzakową; wylewać skropliny.

c) Wróć na patelnię; wymieszać z sosem pieprzowym. Gotuj i mieszaj przez 1 minutę lub do momentu podgrzania.

d) W międzyczasie podgrzej muszle taco zgodnie z instrukcją na opakowaniu.

e) Równomiernie włóż mieszankę wołową do muszli taco. Dodaj sałatę; skropić dressingiem.

f) Posyp równomiernie marchewką, selerem i kolendrą. W razie potrzeby udekoruj marchewką i łodygami selera lub gałązkami kolendry.

38. Wrapy Taco z Wołowiną

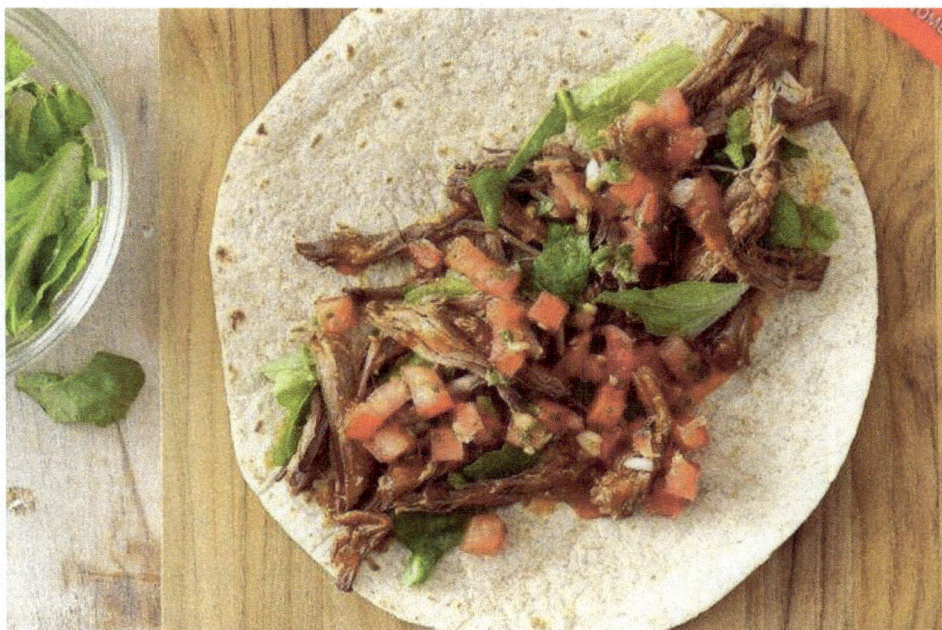

Porcje: 4 porcje

SKŁADNIKI:
- $\frac{3}{4}$ funta cienko pokrojonej pieczonej wołowiny
- $\frac{1}{2}$ szklanki beztłuszczowego dipu z czarnej fasoli
- 4 duże (o średnicy około 10 cali) tortille z mąki
- 1 szklanka cienko pokrojonej sałaty
- $\frac{3}{4}$ szklanki posiekanego pomidora
- 1 szklanka (4 uncje) rozdrobnionego sezonowanego sera taco o obniżonej zawartości tłuszczu
- Salsa

INSTRUKCJE:
a) Rozłóż dip z czarnej fasoli równomiernie na jednej stronie każdej tortilli. Ułóż rostbef wołowy na dipu z fasoli, pozostawiając $\frac{1}{2}$-calowe obramowanie wokół krawędzi.

b) Każdą tortillę posyp równymi porcjami sałaty, pomidora i sera.

c) Złóż prawą i lewą stronę do środka, zachodzące na siebie krawędzie. Zawiń dolną krawędź tortilli nad nadzieniem i zwiń roladę.

d) Każdą roladę przekroić na pół. Podawaj z salsą, jeśli chcesz.

39. Tacos z grillowaną wołowiną w stylu Carnitas

Porcje: 6 porcji

SKŁADNIKI:
- 4 płaskie steki wołowe (około 8 uncji każdy)
- 18 małych tortilli kukurydzianych (o średnicy od 6 do 7 cali)

DODATKI:
- Mielona biała cebula, posiekana świeża kolendra, ćwiartki limonki

MARYNATA:
- 1 szklanka przygotowanej salsy pomidorowej
- ⅓ szklanki posiekanej świeżej kolendry
- 2 łyżki świeżego soku z limonki
- 2 łyżeczki mielonego czosnku
- ½ łyżeczki soli
- ¼ łyżeczki pieprzu
- 1-½ szklanki przygotowanej salsy pomidorowej
- 1 duże awokado, pokrojone w kostkę
- ⅔ szklanki posiekanej świeżej kolendry
- ½ szklanki mielonej białej cebuli
- 1 łyżka świeżego soku z limonki
- 1 łyżeczka mielonego czosnku
- ½ łyżeczki soli

INSTRUKCJE:
a) Połącz składniki marynaty w małej misce. Umieść steki wołowe i marynatę w plastikowej torbie bezpiecznej dla żywności; obrócić steki w panierce. Dokładnie zamknij torebkę i marynuj w lodówce od 15 minut do 2 godzin.

b) Usuń steki z marynaty; odrzucić marynatę. Umieść steki na ruszcie na średnich, pokrytych popiołem węglach.

Grilluj pod przykryciem przez 10 do 14 minut, aby uzyskać średni stopień wysmażenia (145°F) do średniego (160°F), od czasu do czasu obracając.

c) W międzyczasie połącz składniki salsy z awokado w średniej misce. Odłożyć na bok.

d) Umieść tortille na siatce. Grilluj, aż będą ciepłe i lekko zwęglone. Usunąć; trzymaj się ciepło.

e) Steki pokroić w plastry. Podawać w tortilli z salsą z awokado. Na wierzchu cebula, kolendra i kliny limonki, według uznania.

40. Małe tarty z wołowiną Taco

Porcja: 30 malutkich tart

SKŁADNIKI:
- 12 uncji mielonej wołowiny (95% chudej)
- $\frac{1}{2}$ szklanki posiekanej cebuli
- 1 ząbek czosnku, drobno posiekany
- $\frac{1}{2}$ szklanki przygotowanego łagodnego lub średniego sosu taco
- $\frac{1}{2}$ łyżeczki mielonego kminku
- $\frac{1}{4}$ łyżeczki soli
- $\frac{1}{8}$ łyżeczki pieprzu
- 30 muszli filo
- $\frac{1}{2}$ szklanki rozdrobnionego meksykańskiego sera o obniżonej zawartości tłuszczu
- Dodatki: Sałata posiekana, pomidorki koktajlowe lub winogronowe w plasterkach, guacamole, niskotłuszczowa kwaśna śmietana, dojrzałe oliwki w plasterkach

INSTRUKCJE:
a) Rozgrzej piekarnik do 350 ° F. Rozgrzej dużą nieprzywierającą patelnię na średnim ogniu, aż będzie gorąca.

b) Dodaj mieloną wołowinę, cebulę i czosnek na dużej nieprzywierającej patelni na średnim ogniu przez 8 do 10 minut, rozbijając wołowinę na małe okruchy i od czasu do czasu mieszając. W razie potrzeby odlać skropliny.

c) Dodaj sos taco, kminek, sól i pieprz; gotować i mieszać przez 1 do 2 minut lub do momentu, aż mieszanina się podgrzeje.

d) Ułóż muszle filo na wyłożonej brzegami blasze do pieczenia. Mieszankę wołowiny nałóż równomiernie na muszle. Posyp równomiernie serem. Piec 9 do 10 minut lub do momentu, aż muszle będą chrupiące, a ser się roztopi.

e) Udekoruj tarty sałatą, pomidorami, guacamole, kwaśną śmietaną i oliwkami według uznania.

41. Jednogarnkowa patelnia Cheesy Taco

Porcja: 30 malutkich tart

SKŁADNIKI:
- 1 funt chudej mielonej wołowiny
- 1 duża żółta cebula, pokrojona w kostkę
- 2 średnie cukinie, pokrojone w kostkę
- 1 żółta papryka, pokrojona w kostkę
- 1 opakowanie przyprawy do taco
- 1 puszka pokrojonych w kostkę pomidorów z zielonym chilli
- 1 ½ szklanki rozdrobnionego sera cheddar lub sera Monterey jack
- Zielona cebula do dekoracji
- Sałata, ryż, tortille mączne lub kukurydziane do podania

INSTRUKCJE:
a) Rozgrzej dużą nieprzywierającą patelnię na średnim ogniu, aż będzie gorąca. Dodać mieloną wołowinę, cebulę, cukinię i żółtą paprykę; gotować 8 do 10 minut, rozbijając na małe okruchy i od czasu do czasu mieszając. W razie potrzeby odlać skropliny.

b) Dodaj przyprawę do taco, ¾ szklanki wody i pokrojone w kostkę pomidory. Zmniejsz ogień i gotuj przez 7 do 10 minut.

c) Posyp startym serem i zieloną cebulką. Nie mieszać.

d) Kiedy ser się roztopi, podawaj na sałacie, ryżu lub w tortilli z mąki lub kukurydzy!

42. Spódnica Steak Street Tacos

Porcje: 6 tacos

SKŁADNIKI:
- 1 stek ze spódnicy, pokrojony na 4 do 6-calowe porcje, w cienkie paski
- 12 sześciocalowych tortilli kukurydzianych
- $\frac{1}{2}$ łyżeczki soli
- $\frac{1}{4}$ łyżeczki pieprzu cayenne
- $\frac{1}{2}$ łyżeczki czosnku w proszku
- $\frac{1}{2}$ łyżeczki mielonego czosnku
- 1 łyżeczka oleju
- 1 szklanka posiekanej cebuli
- $\frac{1}{2}$ szklanki liści kolendry, grubo posiekanych
- 2 szklanki cienko pokrojonej czerwonej kapusty
- Kolendrowo-limonkowy winegret:
- $\frac{3}{4}$ szklanki liści kolendry
- Sok z 2 limonek
- $\frac{1}{3}$ szklanki oliwy z oliwek
- 4 łyżeczki mielonego czosnku
- $\frac{1}{4}$ szklanki białego octu
- 4 łyżeczki cukru
- $\frac{1}{4}$ szklanki mleka
- $\frac{1}{2}$ szklanki kwaśnej śmietany

INSTRUKCJE:
a) Rozgrzej olej na średnim ogniu. Dopraw pokrojony stek solą, pieprzem cayenne i czosnkiem w proszku. Dodaj stek na patelnię i smaż, aż będzie ugotowany (8 do 10 minut). Dodać czosnek i smażyć 1 do 2 minut dłużej, aż czosnek zacznie pachnieć. Zdejmij z ognia i pokrój stek w kostkę.

b) Wszystkie składniki na winegret wymieszać. Dodaj mieszaninę do blendera i pulsuj, aż będzie gładka, około 1 do 2 minut.

c) Napełnij rozgrzane tortille kukurydziane (użyj dwóch na taco) stekiem, cebulą, posiekaną kolendrą i kapustą. Skrop winegretem i podawaj.

43. Portorykańskie Taco

SKŁADNIKI:

- Kukurydziane muszle taco
- Ser
- Gotowana mielona wołowina
- A Słodkie żółte banany (ugotowane i pokrojone na kawałki)

INSTRUKCJE:

a) Umieść dwie duże łyżki mielonej wołowiny w swojej tortilli.

b) Dodaj dwa kawałki babki lancetowatej do swojej tortilli.

c) Połóż trochę sera na wierzchu i gotowe!

d) Cieszyć się!

44. Mięsna Zapiekanka Taco

SKŁADNIKI:

- 1 funt mielonej wołowiny
- 1 cebula, posiekana
- 1 (10 uncji) puszka sosu enchilada lub salsy
- 1 (8 uncji) puszka sosu pomidorowego
- 1 (15 uncji) puszka czarnej fasoli, opłukanej i osuszonej
- 1 szklanka mrożonej kukurydzy
- 1 (liczba 8-10) puszka ciastek do lodówki o obniżonej zawartości tłuszczu
- 1 szklanka rozdrobnionego meksykańskiego sera mieszanego o obniżonej zawartości tłuszczu
- ⅓ szklanki posiekanej zielonej cebuli

INSTRUKCJE:

a) Rozgrzej piekarnik do 350 ° F.

b) Pokryj naczynie do pieczenia o wymiarach 13 x 9 x 2 cale nieprzywierającym sprayem do gotowania.

c) Na dużej nieprzywierającej patelni smaż mięso i cebulę, aż mięso będzie gotowe; odsączyć nadmiar tłuszczu.

d) Wymieszaj sos enchilada lub salsę, sos pomidorowy, czarną fasolę i kukurydzę, dobrze mieszając. Herbatniki rwiemy na ćwiartki.

e) Wmieszaj mieszankę warzywną do mieszanki mięsnej, a następnie przenieś ją do naczynia do pieczenia. Na koniec wmieszać kawałki biszkoptu.

f) Piec 25 minut. Wyjąć z piekarnika i posypać serem i zieloną cebulką. Ponownie włóż naczynie do pieczenia do piekarnika i piecz jeszcze 5-7 minut, aż ser się roztopi.

45. Taco z wołowiną i kolendrą

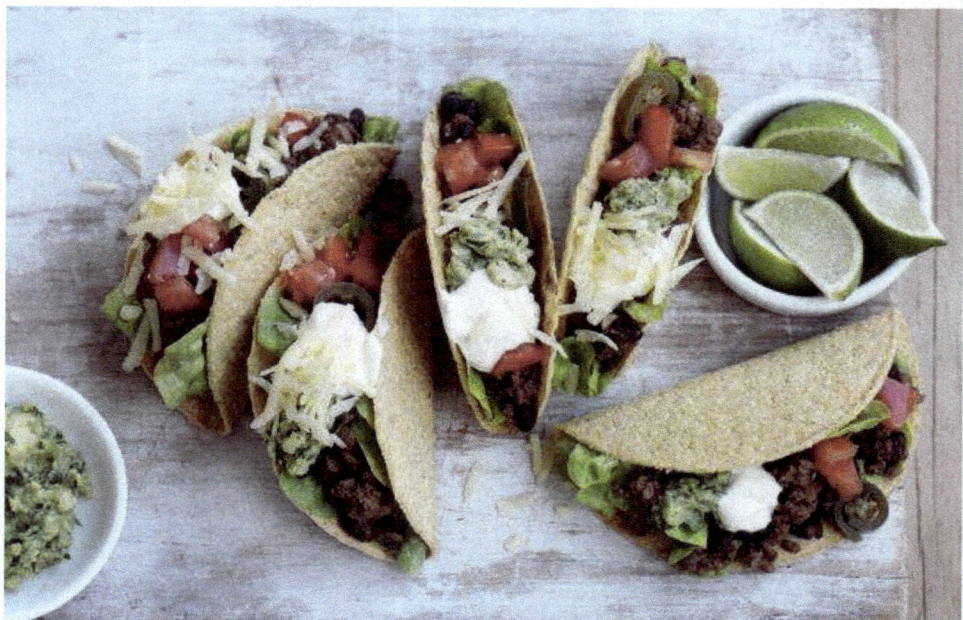

SKŁADNIKI:
- 1 opakowanie miękkich tortilli kukurydzianych lub pszennych
- 2 łyżki chili w proszku
- 1 łyżka mielonego kminku
- ½ łyżeczki pieprzu cayenne
- 2 łyżeczki koszernej soli
- 2 łyżki oleju roślinnego
- 1 duża biała cebula, posiekana
- 16 uncji mielonej wołowiny
- 2 ząbki czosnku, posiekane
- ⅔ szklanki bulionu wołowego
- Rozdrobniony ser meksykański, do smaku
- Naturalna kwaśna śmietana do smaku
- 1 duży pomidor, usunąć nasiona, posiekać
- ¼ szklanki świeżych liści kolendry, posiekanych

INSTRUKCJE:
a) Połącz chili w proszku, kminek, pieprz cayenne i sól w małym słoiczku i potrząśnij, aby połączyć. Odłożyć na bok. Rozgrzej olej na dużej żeliwnej patelni na średnim ogniu.

b) Gdy olej się zaświeci, podsmaż połowę posiekanej cebuli, aż stanie się przezroczysta i zacznie brązowieć, około 3 do 4 minut.

c) Dodaj mieloną wołowinę i czosnek i gotuj, aż się zrumienią, około 3 do 4 minut. Dodaj słoik połączonych przypraw i bulion wołowy. Mieszaj do połączenia.

d) Doprowadzić do wrzenia i gotować, aż zgęstnieje, około 2 do 3 minut.

e) Gdy sos zgęstnieje, zmniejsz ogień.

f) Połącz   zarezerwowaną   posiekaną   cebulę,   posiekany pomidor i posiekaną kolendrę. Umieść w małej misce.

g) Złóż tacos, umieszczając niewielką ilość sera na środku tortilli, a następnie dodaj trochę gorącej mieszanki mięsa i sosu, aby ser się rozpuścił.

h) Udekoruj mieszanką cebulowo-pomidorowo-kolendrową i kleksem kwaśnej śmietany. Zwiń i ciesz się!

46. Tacos z wołowiną w zupie pomidorowej

Porcje: 24 Porcje

SKŁADNIKI:
- 2 funty mielonej wołowiny
- ½ szklanki posiekanej zielonej papryki
- 1 puszka bulionu wołowego
- 1 puszka zupy pomidorowej
- 2 łyżki posiekanej papryki wiśniowej
- 24 muszle taco
- 1 tarty ser cheddar
- 1 rozdrobnione gniazdo Monterey
- 1 Posiekana cebula
- 1 poszatkowana sałata
- 1 Pomidory pokrojone w kostkę

INSTRUKCJE:
a) Na patelni zbrązowić wołowinę i ugotować zieloną paprykę do miękkości; mieszać do oddzielenia mięsa.

b) Dodaj zupy i papryczki wiśniowe. Gotować na małym ogniu 5 minut; mieszaj od czasu do czasu.

c) Napełnij każdą skorupę taco 3-4 łyżkami mieszanki mięsnej; każdą z pozostałych składników.

47. Grillowana jagnięcina z miękkimi tacos

Porcja: 1 porcja

SKŁADNIKI:

- 1 funt Przycięty udziec jagnięcy bez kości; lub steki z polędwicy
- 3 ząbki czosnku; tłuczony
- $1\frac{1}{2}$ cala kawałek świeżego imbiru; obrane i posiekane
- $\frac{1}{2}$ szklanki łagodnej galaretki lub dżemu jalapeno
- 4 Tortille Mączne
- Salsa do dekoracji

INSTRUKCJE:

a) Pokrój jagnięcinę na $\frac{1}{2}$-calowe plastry; odłożyć na bok. Połącz czosnek, imbir i galaretkę.

b) Rozłóż mieszankę imbiru na każdym plasterku jagnięciny.

c) W międzyczasie rozgrzej grill na świeżym powietrzu, grill na płycie kuchennej lub ciężką, przyprawioną patelnię do średniej wysokości.

d) Aby ugotować, oddziel plastry jagnięciny i umieść je na grillu lub na patelni; smaż przez dwie do trzech minut z każdej strony, aż będzie średnio krwisty.

e) W międzyczasie podgrzej tortille w plastikowej torebce w kuchence mikrofalowej przez minutę lub krótko nad palnikiem.

f) Podziel nadzienie na tortille i zawiń każdą tortillę wokół nadzienia. W razie potrzeby podawaj z miską salsy.

48. Tacos z grillowaną wieprzowiną i salsą z papai

Porcje: 5 porcji

SKŁADNIKI:

- 1 papaja; obrane, pozbawione nasion, pokrojone w $\frac{1}{2}$ cala kostkę
- 1 mała czerwona papryczka chili; z pestkami i drobno posiekane
- $\frac{1}{2}$ szklanki Czerwona cebula; posiekana
- $\frac{1}{2}$ szklanki czerwonej papryki; posiekana
- $\frac{1}{2}$ szklanki świeżych liści mięty; posiekana
- 2 łyżki soku z limonki
- $\frac{1}{4}$ funta pieczeń ze schabu wieprzowego bez kości; pokroić w paski
- $\frac{1}{2}$ szklanki świeżej papai; posiekana
- $\frac{1}{2}$ szklanki świeżego ananasa; posiekana
- 10 Tortille pszenne, podgrzane
- $1\frac{1}{2}$ szklanki sera Monterey Jack; rozdrobnione (6 uncji)
- 2 łyżki margaryny lub masła; stopiony

INSTRUKCJE:

a) Gotuj wieprzowinę na 10-calowej patelni na średnim ogniu przez około 10 minut, od czasu do czasu mieszając, aż przestanie być różowa; odpływ.

b) Wmieszaj papaję i ananasa. Podgrzewać, od czasu do czasu mieszając, aż będzie gorący. Rozgrzej piekarnik do 425F.

c) Nałóż około $\frac{1}{4}$ szklanki mieszanki wieprzowej na połowę każdej tortilli; wierzch z około 2 łyżkami sera.

d) Złożyć tortille na nadzienie. Ułóż pięć wypełnionych tortilli w nienatłuszczonej patelni z galaretką, 15 $\frac{1}{2}$x10 $\frac{1}{2}$x1 cal; posmarować stopioną margaryną.

e) Piec bez przykrycia około 10 minut lub do uzyskania jasnozłotego koloru. Powtórz z pozostałymi tacos. Podawaj z salsą z papai.

49. Rozdrobnione Tacos Wieprzowe

Porcje: 12 porcji

SKŁADNIKI:
- ½ funta pieczeni wieprzowej
- 12 miękkich domowych tacos
- 1 szklanka pokrojonej cebuli
- ½ szklanki posiekanych pomidorów i 1 awokado
- 1 puszka pomidorów i 2-3 papryczki jalapeno
- ½ szklanki sosu śmietanowego
- 1 ancho chili i 1 szklanka wody
- 1 szklanka posiekanej sałaty
- ½ łyżeczki soli i pieprzu
- 1 szklanka rozdrobnionego sera cheddar

INSTRUKCJE:
a) Weź duży rondel i dodaj posiekane mięso wieprzowe, warzywa, wodę i przyprawy, gotuj przez 20 minut od czasu do czasu mieszając. Wyjmij warzywa i mięso z kurczaka z płynu do gotowania i pokrój je na małe kawałki.
b) Złóż domowe tortille z sałatą, mięsem wieprzowym, warzywami, sosem śmietanowym, tartym serem, pokrojonymi w kostkę pomidorami i awokado.

50. Taco z wieprzowiną i jajkami

Sprawia, że: 5-6

SKŁADNIKI:
- 10 tortilli
- W pełni ugotowane kiełbaski wieprzowe (1 opakowanie)
- 3 jajka
- ½ szklanki sera cheddar, grubo posiekanego
- 1 awokado, pokrojone
- Sól
- Pieprz

INSTRUKCJE:
a) Ubij jajka solą i pieprzem i gotuj na dużym ogniu.

b) Upewnij się, że smażysz z obu stron przez około minutę.

c) Podgrzej kiełbaski zgodnie z instrukcją na opakowaniu.

d) Możesz również zastąpić kiełbaski dowolnym innym pokarmem białkowym, który masz w domu, w tym resztkami mięsa, kurczaka lub warzyw.

e) Wyjmij jajka i podgrzej tortille. Wyłącz ogrzewanie i po prostu użyj ciepła z wciąż gorącego pasa, aby to zrobić.

f) Pokrój jajko zgodnie z liczbą tortilli i umieść kawałek jajka, kiełbasę, awokado, ser i ulubione dodatki. Możesz również dodać bekon i placki ziemniaczane.

g) Podawać z limonką i salsą.

51. Wieprzowina Carnitas Tacos

Robi: 8

SKŁADNIKI:

- 1,5 kg pokrojonej łopatki wieprzowej, pokrojonej na 1,5-calowe kawałki
- ½ kg boczku wieprzowego, pokrojonego na małe kawałki
- 1 szklanka bulionu z kurczaka
- 1 łyżka soli
- 1 łyżeczka czarnego pieprzu
- 8 tortilli kukurydzianych

INSTRUKCJE:

a) W dużym garnku ugotować łopatkę wieprzową, boczek wieprzowy, sól i pieprz. Dusić

b) przez co najmniej dwie godziny lub do momentu, aż wieprzowina będzie wystarczająco miękka, aby można ją było łatwo rozdrobnić.

c) Zmniejsz płyn przez dziesięć minut przed wyjęciem garnka.

d) Umieść połowę ugotowanej wieprzowiny (i soki) na dużej patelni i gotuj na dużym ogniu, aż wieprzowina zacznie skwierczeć we własnym tłuszczu. Gdy wieprzowina zacznie robić się brązowa i chrupiąca, zdejmij ją z patelni. Powtórz proces z resztą wieprzowiny.

e) Umieść wieprzowinę w tortilli, udekoruj wybranymi warzywami, takimi jak pokrojone awokado, szatkowana kapusta, cebula, cukinia, papryka, limonka i sos.

52. Taco Ciężarówki Taco

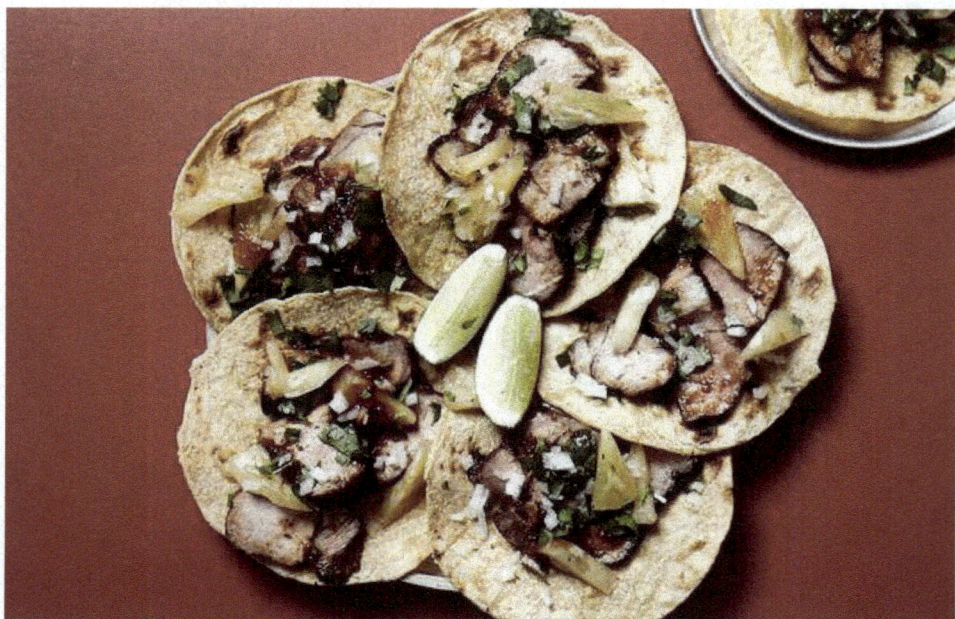

Porcje: 4 porcje

SKŁADNIKI:
- $1\frac{1}{2}$ funta łopatki wieprzowej (rozdrobnionej)
- 2 limonki
- 12 tortilli kukurydzianych
- 1 pęczek kolendry
- $\frac{1}{2}$ szklanki posiekanej cebuli
- Rzodkiewki, awokado i świeże pomidory

INSTRUKCJE:
a) Na średniej patelni zaczynamy brązowić mięso, które wcześniej doprawiliśmy kminkiem, solą i pieprzem.
b) Po tym czasie podgrzej tortille z obu stron i udekoruj je mięsem, cebulą, awokado, pomidorami i odrobiną soku z limonki.

53. Tacos Z Grillowaną Kiełbasą

Robi: 4

SKŁADNIKI:
- 1 czerwona cebula (pokrojona na 4 części)
- 2 papryki (czerwone i przekrojone wzdłuż. Usuń nasiona)
- 1 pęczek szalotek
- 3 łyżki oliwy z oliwek
- Sól
- Pieprz
- ⅓ szklanki soku z limonki
- 750 gramów kiełbasy kielbasa, przekroić pionowo na pół
- 8 tortilli kukurydzianych
- kolendra

INSTRUKCJE:
a) Wrzuć cebulę, paprykę i cebulę razem z olejem na grill, który został ustawiony na średnio wysoką temperaturę.
b) Dopraw solą i pieprzem i grilluj, aż warzywa nabiorą lekko zwęglonego wyglądu.
c) Pamiętaj jednak, aby zdjąć szalotki po 2 minutach!
d) Zdejmij je z ognia i pozwól mu ostygnąć.
e) Pokrój cebulę w kliny o długości 1 cala i wrzuć sok z limonki. Podobnie zdejmij skórę z papryki, pokrój ją w kliny o długości 1 cala i umieść w osobnej misce. Szaszłyki należy ułożyć na innym talerzu.
f) Grilluj kiełbaski przez około 5 minut i ułóż je z dymką.
g) Grilluj tortille, aby wyglądały na lekko zwęglone.
h) Ułóż wszystkie składniki na każdej tortilli i podawaj z ostrym sosem i świeżą limonką do wyciskania.

54. Taco Picadillo

Porcja: 1 porcja

SKŁADNIKI:

- ½ szklanki rodzynek
- ¼ szklanki Tequili
- ½ funta Kiełbasa wieprzowa luzem
- ½ funta mielonej wołowiny
- 1 średnia cebula, posiekana
- 3 ząbki czosnku, posiekane
- 1 puszka (14 ½ uncji) całych pomidorów, pokrojonych, NIEODCIĄŻONYCH
- 1 puszka (4 uncje) pokrojonej w kostkę zielonej papryczki chili, odsączonej
- 2 łyżki cukru
- 1 łyżeczka mielonego cynamonu
- ¼ łyżeczki mielonego kminku
- 1 kreska Zmielone goździki
- 12 7-calowych tortilli z mąki
- ⅓ szklanki orzechów pekan, drobno posiekanych
- Poszatkowana sałata, opcjonalnie

INSTRUKCJE:

a) W małym rondelku wymieszaj rodzynki i tequilę. Doprowadzić do wrzenia; zdjąć z ognia. Odstaw na 5 minut.

b) Nadzienie: Na dużej patelni smaż kiełbasę, wołowinę, cebulę i czosnek na średnim ogniu, aż mięso będzie brązowe. Odcedź tłuszcz. Wymieszaj z nieodsączonymi rodzynkami, nieodsączonymi pomidorami, zieloną papryczką chili, cukrem, cynamonem, kminkiem i goździkami.

c) Doprowadzić do wrzenia; zredukować ciepło. Dusić bez przykrycia przez około 30 minut lub do momentu odparowania większości płynu.

d) W międzyczasie zawijamy tortille w folię. Podgrzewać w 350 piekarniku przez 10 minut lub do momentu, aż się rozgrzeje. Wymieszaj orzechy pekan z mięsem.

e) Aby podać, udekoruj ciepłe tortille sałatą, a następnie nadzienie. Zwiń lub zwiń.

55. Tacos wieprzowe po kalifornijsku

Porcje: 6 porcji

SKŁADNIKI:
- 2 funty polędwicy wieprzowej
- 6 Zielona cebula
- 12 małych tortilli ze świeżej kukurydzy
- 1 pęczek kolendry; duże łodygi usunięte
- guacamole
- 1 szklanka kwaśnej śmietany
- 1 szklanka pikantnej czerwonej salsy
- 1 szklanka zielonej salsy chili

DO marynaty
- $\frac{1}{2}$ szklanki świeżo wyciśniętego soku pomarańczowego
- 2 łyżki świeżo wyciśniętego soku z limonki
- 1 łyżeczka posiekanego świeżego oregano
- $\frac{1}{4}$ łyżeczki kminku
- $\frac{1}{2}$ łyżeczki majeranku
- $\frac{1}{2}$ łyżeczki soli
- $\frac{1}{4}$ łyżeczki Drobno mielonego czarnego pieprzu

INSTRUKCJE:
a) Połącz składniki marynaty w średniej misce.

b) Mieszaj, aż się zmiesza. Umieść wieprzowinę w płytkim niealuminiowym naczyniu i zalej marynatą. Marynować przez 6 do 12 godzin, w lodówce.

c) Przetnij zieloną część cebuli, wykonując 2 nacięcia aż do miejsca, w którym zaczyna się biała część. To nada cebuli kształt wachlarza.

d) Nagrzej piekarnik do 350 stopni. Rozgrzej patelnię grillową na średnio-wysokim ogniu. Grilluj wieprzowinę przez 15 do 20 minut z każdej strony lub do momentu, gdy temperatura wnętrza osiągnie 160 stopni.

e) Polej zieloną cebulę marynatą i grilluj przez około 3 minuty z każdej strony. Zdejmij mięso i cebulę z grilla, pokrój mięso na małe kawałki i odłóż.

f) Zawiń tortille w folię aluminiową i wstaw do piekarnika na około 10 minut.

g) Utrzymuj ciepło podczas przygotowywania talerzy. Na zewnętrznych krawędziach poszczególnych talerzy do serwowania ułóż kilka gałązek kolendry, dużą porcję Guacamole i dużą porcję kwaśnej śmietany.

h) Umieść 2 podgrzane tortille z boku każdego talerza i ułóż mięso i grillowane szalotki na środku.

i) Podaj pikantną czerwoną i zieloną salsę chili w osobnych miseczkach.

j) Natychmiast podawaj.

56. Miodowo-kolendrowe miękkie tacos z krewetkami

Porcje: 4 porcje

SKŁADNIKI:

- 8 tortilli
- 1 łyżeczka oleju roślinnego
- ½ łyżki soli i pieprzu
- 1 duża cebula i 1 jalapeno
- 3 papryki
- 2 łyżeczki kolendry i kminku
- 2-4 ząbki czosnku
- 4 łyżki świeżej kolendry i miodu
- 1 ½ funta krewetek koktajlowych

INSTRUKCJE:

a) Gotuj krewetki, jalapeno, cebulę, paprykę, przyprawy i czosnek na średniej patelni, aż zmiękną.

b) W szklanej misce połącz świeżą kolendrę i miód, aż powstanie gładka mieszanka.

c) Nałóż mieszankę na każdą tortillę; dodaj krewetki i trochę sosu salsa.

57. Baja Fish Tacos

Porcje: 4 porcje

SKŁADNIKI:

- 1 ½ funta rozmrożonych świeżych filetów tilapii
- 4 średnie pełnoziarniste tortille
- 1 łyżka świeżej kolendry
- 1 cebula, awokado i pomidor (wszystkie posiekane)
- 2 łyżeczki przyprawy do taco
- 2 szklanki surówki z kapusty
- 1 cytryna (sok)

INSTRUKCJE:

a) Drobno posiekaj warzywa i posiekaj kapustę na małe kawałki.

b) Po doprawieniu filetów tilapia przyprawą do taco, gotuj je na naoliwionej patelni z nieprzywierającą powłoką przez 5-6 minut.

c) Powoli smaż rybę z obu stron i dodaj trochę cebuli, soku z cytryny i pomidorów.

d) Podgrzej każdą tortillę przez 1 minutę w kuchence mikrofalowej, a następnie dodaj filety rybne, warzywa, kapustę, kolendrę i salsę.

58. Taco z Krewetkami

Porcje: 5 porcji

SKŁADNIKI:
- 1 funt obranych krewetek
- 10 tortilli kukurydzianych
- ½ szklanki kwaśnej śmietany
- 1 łyżka przypraw i 1 papryczka chipotle
- 2 limonki (na sok)
- ½ szklanki posiekanej fioletowej kapusty
- 2 łyżki oliwy z oliwek z pierwszego tłoczenia

INSTRUKCJE:
a) Połącz chipotle, połowę soku z limonki i kwaśną śmietanę w małej misce, aż powstanie gładka pasta.

b) Na rozgrzanej patelni ugotuj obrane krewetki z kilkoma przyprawami.

c) Rozgrzej każde taco i podawaj z posiekaną kapustą, kremem chipotle, smażonymi krewetkami i sosem.

59. Rybne tacos z sałatką z kolendry i chipotle majonezem

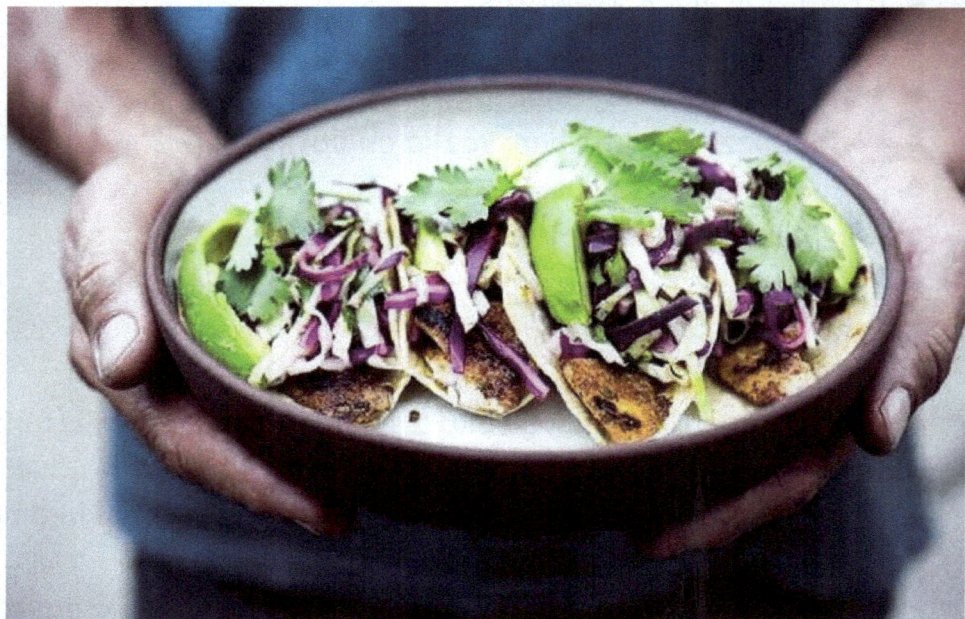

Porcje: 4 porcje

SKŁADNIKI:
- 1 funt filetów z ryby tilapia
- 4 tortille pszenne
- ½ szklanki świeżego soku z limonki
- 2 szklanki 3-kolorowej mieszanki sałatek coleslaw
- ¼ szklanki majonezu
- 1 papryczka chipotle namoczona w sosie adobo
- 1 szklanka posiekanych świeżych liści kolendry
- 1 awokado i 1 pokrojony w kostkę pomidor
- 1 łyżka sosu adobo z papryczek chipotle
- ¼ łyżeczki soli i pieprzu cayenne
- sól i mielony czarny pieprz

INSTRUKCJE:
a) Wlej sok z limonki na każdy filet z ryby tilapia i przechowuj go w lodówce przez 4 godziny.

b) Zacznij przygotowywać sos majonezowy chipotle, mieszając sos adobo, pieprz cayenne, chilli, ¼ łyżeczki soli i majonez w średniej misce, mieszając wszystko.

c) Wyjmij rybę z lodówki i smaż ją przez 2-3 minuty na wysmarowanej olejem średniej patelni.

d) Rozłóż 1 łyżkę sosu chipotle na każdej tortilli, dodaj ugotowaną rybę, warzywa i przyprawy.

60. Tacos z grillowanymi krewetkami i czarną fasolą

Porcje: 6 porcji

SKŁADNIKI:
- 1 funt Obrane krewetki
- 12 tortilli kukurydzianych
- 2 łyżki chili w proszku
- 1 ½ łyżki wyciśniętego soku z limonki
- 1 szklanka czarnej fasoli
- Pico de Gallo
- ½ łyżeczki oliwy z oliwek z pierwszego tłoczenia
- ¼ łyżeczki soli
- 6 szaszłyków

INSTRUKCJE:
a) Rozgrzej grill, a następnie przygotuj sos, podgrzewając czarną fasolę, sok z limonki, chili w proszku i sól na średniej patelni.

b) Gdy powstanie gładka pasta, przygotuj szaszłyki z krewetek. Trzeba je smażyć przez około 1-2 minuty z obu stron, następnie posmarować każdą krewetkę i grillować przez kolejne 2 minuty.

c) Zbuduj swoją tortillę, dodając krewetki, sos i przyprawy.

61. Sczerniałe Tacos Rybne Cabo

Porcje: 4 porcje

SKŁADNIKI:
- 1½ funta białej ryby i 8 uncji marynaty rybnej
- 12 tortilli kukurydzianych
- ¾ funta azjatyckiej sałatki
- 9 łyżek kwaśnej śmietany
- 4 uncje masła
- 7 łyżek chipotle aioli
- 7 łyżek Pico de Gallo
- 2 łyżki przyprawy do pieprzu czarnego
- Chipotle Aioli
- ¾ szklanki majonezu
- 1 łyżeczka soku z limonki
- 1 łyżka musztardy
- Koszerna sól i mielony czarny pieprz
- 2 papryczki chipotle

INSTRUKCJE:
a) W średnim rondelku zacznij topić niesolone masło, dodaj marynowaną białą rybę, posyp trochę czarnego pieprzu i smaż przez 2 minuty z obu stron.

b) Podgrzej każdą tortillę z obu stron, dodaj smażonego kurczaka, sos chipotle aioli, kilka Pico de Gallo, trochę azjatyckiej sałatki i trochę przypraw.

62. Pikantne Tacos z Krewetkami

Porcje: 2 porcje

SKŁADNIKI:

- 4 tortille o niskiej zawartości węglowodanów
- 4 łyżki sosu salsa mango
- 16 dużych krewetek
- 1 łyżka świeżej posiekanej kolendry
- 1 szklanka sałaty rzymskiej
- ½ szklanki sera cheddar
- 4 łyżeczki sosu chilli
- ½ szklanki smażonej cebuli
- Sok z 1 limonki

INSTRUKCJE:

a) Zacznij od krewetek, marynując je i wbijając w sos siracha przez 5 minut.

b) Włącz grill i gotuj cebulę przez kilka minut, aż będzie dobrze ugotowana.

c) Połóż każdą tortillę i udekoruj kwaśną śmietaną, krewetkami, sałatą, tartym serem, grillowaną cebulą i innymi przyprawami.

63. Tilapia Tacos

Porcja: 1 porcja

SKŁADNIKI:
- 1 funt filetu z ryby tilapia
- 2 tortille z białej kukurydzy
- $\frac{1}{2}$ pokrojonego awokado
- $\frac{1}{4}$ łyżeczki oliwy z oliwek
- 1 pomidor
- 1 biała cebula
- 1 sok z limonki
- 1 garść kolendry

INSTRUKCJE:
a) W nagrzanym piekarniku zacznij grillować tortille i filet z ryby tilapia z obu stron, ale dopraw rybę odrobiną oliwy z oliwek, solą i pieprzem. W średniej misce wymieszaj pomidory, sok z limonki, cebulę i przyprawy.

b) Na każdej tortilli umieść warstwę posiekanej ryby, dodaj mieszankę z miski, pokrojone awokado, a następnie połóż pozostałą rybę na wierzchu.

64. Rybne tacos z grilla mojito z posypką z limonki

Porcje: 8 porcji

SKŁADNIKI:

- 8 tortilli kukurydzianych
- 2 łyżki soku z limonki
- 2 łyżki posiekanych listków mięty
- 1 funt twardej białej ryby (halibut, lucjan lub dorsz)
- 1 łyżka oleju rzepakowego
- 1 świeża papryczka jalapeño
- $\frac{1}{2}$ łyżeczki soli i 1 łyżeczka cukru
- sałatka z limonki
- 2 łyżki najdrobniejszego
- $\frac{1}{2}$ szklanki niskotłuszczowego majonezu
- 1 $\frac{1}{2}$ szklanki posiekanej kapusty
- 1 łyżka świeżego soku z limonki

INSTRUKCJE:

a) Zacznij łączyć razem rybę i składniki marynaty, a następnie włóż ją do lodówki na 3 minuty. Po zakończeniu wyjmij rybę i zacznij grillować ją z obu stron, aż będzie miękka i jędrna.

b) Aby przygotować sałatkę z limonki, dodaj kapustę, majonez, sok z limonki i miętę do średniej miski, wszystko dobrze mieszając.

c) Umieść rybę na każdej tortilli, dodaj kilka łyżek surówki i warzywa.

65. <u>Tacos z grillowanej ryby z sosem kolendrowym</u>

Porcje: 2 porcje

SKŁADNIKI:
SOS
- ¼ szklanki zielonej cebuli i kolendry
- 2 ½ łyżki majonezu
- 3 łyżki kwaśnej śmietany
- 2 limonki (sok)
- ½ łyżeczki soli, pieprzu i 1 ząbek czosnku

RYBA
- 2 funty czerwonych steków z lucjana
- 4 tortille kukurydziane
- 2 ½ puszki kapusty
- 1 łyżka mielonego kminku i kolendry
- ½ łyżeczki czerwonej papryki, papryki i soli czosnkowej

INSTRUKCJE:
a) Zacznij łączyć składniki sosu kolendrowego w średniej misce, a następnie odłóż ją na bok.

b) Rybę doprawiamy odrobiną czosnku w proszku, kminkiem, papryką, kolendrą i czerwoną papryką, grillując przez 5 minut z obu stron.

c) Gdy ryba będzie gotowa, przekrój ją wzdłuż i ułóż na tortilli, dodaj kapustę i 1 łyżkę sosu kolendrowego.

66. Zdrowe rybne tacos

SKŁADNIKI:

- 1 funt białej łuszczącej się ryby, takiej jak mahi mahi
- $\frac{1}{4}$ szklanki oleju rzepakowego
- 1 limonka, sok
- 1 łyżka chili ancho w proszku
- 1 jalapeno, grubo posiekane
- $\frac{1}{4}$ szklanki posiekanych świeżych liści kolendry
- 8 tortilli pszennych
- Posiekana biała kapusta
- Ostry sos
- Crema lub kwaśna śmietana
- Cienko pokrojona czerwona cebula
- Cienko pokrojona zielona cebula
- Posiekane liście kolendry

INSTRUKCJE:

a) Rozgrzej grill do średniej mocy. Umieść rybę w naczyniu i dodaj olej, sok z limonki, jalapeno, ancho i kolendrę. Dobrze wymieszaj, aby ryba pokryła się sosem i pozostaw w marynacie na 20 minut.

b) Rybę wyjąć z marynaty i grillować mięsem do dołu. Grilluj przez 4 minuty, następnie odwróć i grilluj przez 30 sekund do minuty.

c) Odstaw na 5 minut, a następnie rozbij widelcem.

d) Grilluj tortille przez 20 sekund.

e) Rozłóż rybę na każdym tacos i udekoruj kapustą, cebulą, kolendrą.

f) Skrop ostrym sosem i dodaj wybraną salsę.

67. Tacos z krewetkami Cajun z salsą pomidorową

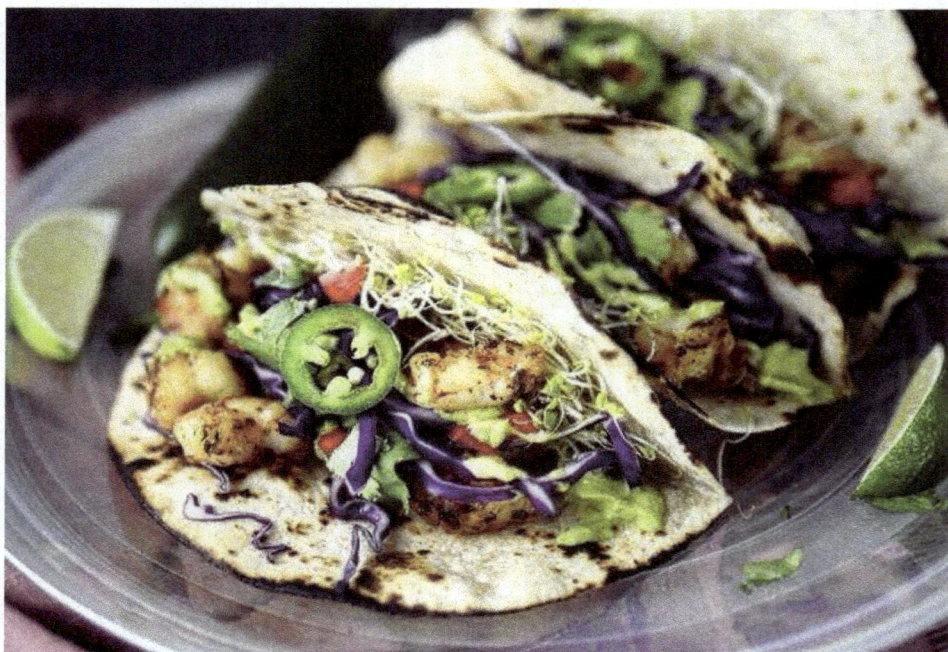

Porcje: 8 porcji

SKŁADNIKI:
- 2 szklanki kwaśnej śmietany
- 2 łyżeczki chili w proszku
- ½ łyżeczki pieprzu Cayenne
- ¾ funta Tomatillos, usunięte łuski, opłukane, pokrojone w ćwiartki
- ½ szklanki grubo posiekanego nieobranego zielonego jabłka
- 2 łyżki grubo posiekanej świeżej bazylii
- 2 łyżki grubo posiekanej świeżej mięty
- 1½ łyżeczki chili w proszku
- 1½ łyżeczki papryki
- 2 funty Niegotowane średnie krewetki, obrane, pozbawione żyłek
- 2 łyżki oliwy z oliwek
- 1 łyżka mielonego czosnku
- 16 Zakupione muszle taco
- 1 duży pęczek rukwi wodnej, przycięty
- 2 Awokado, obrane, bez pestek, pokrojone w kostkę

INSTRUKCJE:
NA KWAŚNĄ ŚMIETANĘ:
a) Wymieszaj wszystkie składniki w średniej misce, aby się połączyły. Sezon z solą.
DLA SALSY:
b) Drobno posiekaj pomidory, jabłko, bazylię i miętę w robocie kuchennym.
c) Przełożyć do małej miski. Doprawić do smaku solą.
DLA KREWETEK:

d) Połącz chili w proszku i paprykę w dużej misce. Dodaj krewetki; wrzucić do płaszcza.

e) Odstaw na 5 minut. Rozgrzej olej na dużej dużej patelni na dużym ogniu.

f) Dodaj czosnek i smaż, aż zacznie pachnieć, około 1 minuty. Dodaj krewetki; smażyć, aż stanie się nieprzezroczysty w środku, około 5 minut.

g) Dopraw solą i pieprzem. Przełożyć do małej miski.

h) Rozgrzej piekarnik do 350 ° F. Ułóż muszle taco na grubej, dużej blasze do pieczenia. Piec do gorącego, około 8 minut. Umieść muszle w koszyczku wyłożonym serwetkami.

i) Na talerzu ułóż połowę rzeżuchy.

j) Na wierzchu krewetki. Posiekaj pozostałą rukiew wodną. Umieść w małej misce.

k) W osobnych miseczkach umieść śmietanę, salsę, awokado i posiekaną rukiew wodną.

68. Ceviche tacos

Porcje: 4 Porcje

SKŁADNIKI:
- 1½ funta filetów z czerwonego lucjana; w ½ cala kawałki
- Sok z 10 limonek
- 1 cebula; drobno posiekane
- 1 papryczka jalapeño; z pestkami/drobno posiekane
- 14½ uncji Pomidory w puszce
- ½ szklanki ziaren kukurydzy
- ¼ szklanki posiekanej kolendry
- 2 łyżki oliwy z oliwek
- 2 łyżki Catsupu
- 1 łyżka sosu Worcestershire
- ½ łyżeczki suszonego oregano
- Sól; do smaku
- 8 tortilli kukurydzianych
- 1 czerwona cebula; cienko pokrojony
- 1 awokado; obrane/pokrojone

INSTRUKCJE:
a) W dużej szklanej lub niereaktywnej aluminiowej misce delikatnie połącz rybę z sokiem z limonki. Przykryć, schłodzić i marynować przez noc.

b) Kiedy rano wyjmiesz rybę, będzie ona „ugotowana" i będzie można ją bezpiecznie zjeść.

c) Gdy tacos jest gotowe do podania, połącz cebulę, papryczki jalapeno, pomidory, kolendrę kukurydzianą, oliwę z oliwek, keczup, sos Worcestershire i oregano w dużej szklanej misce. Dobrze wymieszaj. Dopraw solą do smaku.

d) Odcedź i opłucz rybę, dodaj do mieszanki pomidorowej i delikatnie wymieszaj, aby pokryć.

e) Podgrzej tortille w kuchence mikrofalowej lub piekarniku. Umieść $\frac{1}{8}$ mieszanki rybnej w tortilli i udekoruj czerwoną cebulą i awokado.

69. Grillowane rybne tacos z zieloną salsą

Porcje: 4 Porcje

SKŁADNIKI:
- 3½ szklanki Drobno posiekanej czerwonej lub zielonej kapusty
- ¼ szklanki białego destylowanego octu
- Sól i pieprz
- ¾ funtów świeżych pomidorów
- 2 łyżki oleju sałatkowego
- 1 Cebula, pokrojona w ½ cala plasterki
- 1½ funta filetów rybnych o jędrnym miąższu i skórze (lingdor, labraks)
- 4 chili Jalapeño
- 2 łyżeczki soku z limonki
- ¾ szklanki Świeże liście kolendry
- 1 ząbek czosnku
- 12 ciepłych tortilli kukurydzianych lub niskotłuszczowych (6-7 cali)
- Śmietana o niskiej zawartości tłuszczu
- Ćwiartki limonki

INSTRUKCJE:
a) Poszukaj małych zielonych pomidorów z papierowymi łuskami w niektórych supermarketach i latynoskich sklepach spożywczych.

b) Kapustę wymieszać z octem i 3 łyżkami wody. Dodaj sól i pieprz do smaku. Przykryć i schłodzić.

c) Usuń i wyrzuć łuski z pomidorów; przepłukać pomidory.

d) Nawlec na szaszłyki. Lekko posmaruj plasterki cebuli odrobiną oleju. Rybę opłucz i osusz. Rybę posmarować pozostałym olejem.

e) Umieść pomidory, cebulę i chili na grillu.

f) Gotuj, obracając w razie potrzeby, aż warzywa się zrumienią, 8-10 minut.

g) Odstawić do ostygnięcia.

h) Umieść rybę na grillu (średnio wysoka temperatura). Gotuj, obracając raz, aż ryba będzie nieprzejrzysta, ale nadal będzie wilgotna w najgrubszej części (pokrój na próbę), 10-14 minut.

i) Usuń łodygi z chili; usunąć nasiona.

j) W blenderze lub robocie kuchennym zmiksuj pomidory, papryczki chilli, sok z limonki, $\frac{1}{4}$ szkl kolendry i czosnek na gładką masę. Posiekaj cebulę. Dodaj posiekaną cebulę do mieszanki salsy, dopraw solą i pieprzem do smaku.

k) Wlać do małej miski.

l) Aby złożyć każde taco, wypełnij tortillę odrobiną kapusty, kilkoma kawałkami ryby, salsą i kwaśną śmietaną. Dodać szczyptę limonki, sól i pieprz do smaku.

70. Taco z krewetkami Margarita

Porcje: 6 porcji

SKŁADNIKI:

- 1½ funta krewetek w muszlach; brutalny
- ½ szklanki Tequili
- ½ szklanki soku z limonki
- 1 łyżeczka soli
- 1 Ząbek mielony Ząbek czosnku; lub więcej do smaku
- 3 łyżki oliwy z oliwek; lub mniej
- 2 łyżki posiekanej kolendry
- 24 Tortille mączne; (6 lub 7 cali)
- Rozdrobniona sałata
- 1 awokado; pokrojony; albo więcej
- Salsa Fresca; w razie potrzeby
- 1 puszka (15 uncji) Czarna fasola
- 1 puszka (10 uncji) ziaren kukurydzy
- ½ szklanki posiekanej czerwonej cebuli
- ¼ szklanki oliwy z oliwek
- 2 łyżki soku z limonki
- ¼ łyżeczki mielonego kminku
- ¼ łyżeczki oregano
- ¼ łyżeczki soli

INSTRUKCJE:

a) Obierz krewetki i wydrąż żyły, jeśli chcesz, zachowując ogony; odłożyć na bok. Połącz tequilę, sok z limonki, sól; zalać krewetkami i marynować nie dłużej niż 1 godzinę.

b) Podsmaż posiekany czosnek na 1 łyżce oleju, aż będzie jasnobrązowy; dodaj krewetki, gotuj i mieszaj, aż skończysz, 2 do 3 minut. W razie potrzeby dodaj olej.

c) Posypać kolendrą i trzymać w cieple. Na każde taco złóż razem 2 miękkie tortille; napełnij posiekaną sałatą i Black Bean and Corn Relish.

d) Na wierzchu ułóż krewetki, plastry awokado i salsę.

e) Relish z czarnej fasoli i kukurydzy: Opłucz i osusz fasolę; odsączyć kukurydzę,

f) Połącz fasolę i kukurydzę z pozostałymi składnikami; schłodzić do połączenia smaków.

71. Taco z łososiem

Porcja: 8 tacos

SKŁADNIKI:

- 418 gramów łososia z Alaski w puszce
- 8 łyżek Fromage frais
- 50 gramów Ogórek; pokrojony
- ½ łyżeczki mięty
- 8 Gotowych muszli taco
- 100 gramów sałaty lodowej, poszatkowanej
- 3 Pomidory; posiekana
- 50 gramów sera Cheddar, startego
- Oliwki, anchois lub posiekana papryka do dekoracji

INSTRUKCJE:

a) Rozgrzej piekarnik do 200 C, 400 F, stopień gazu 6.

b) Opróżnij puszkę łososia. Rybę obrać i odstawić. Zmieszaj ser fromage frais lub jogurt grecki, ogórek i miętę. Odłożyć na bok.

c) Podgrzej muszle taco w piekarniku przez 2-3 minuty, aż będą giętkie.

d) Na każdej muszli ułóż sałatę i pomidora, a następnie połóż na nich kawałki łososia, łyżkę mieszanki ogórków i trochę startego sera.

e) Udekoruj i natychmiast podawaj.

72. Tacos z owocami morza z salsą kukurydzianą

Porcje: 4 Porcje

SKŁADNIKI:
- 1 funt filetów skalniaka
- 2 limonki; sok z
- 2 łyżeczki oliwy z oliwek
- 8 Świeże tortille kukurydziane
- 1 szklanka ziaren kukurydzy; gotowany
- 1 średnia czerwona cebula; posiekana
- 1 szklanka posiekanego ogórka z pestkami
- 2 papryczki Jalapeño; mielone lub do smaku
- $\frac{1}{2}$ pęczka kolendry; posiekana
- $\frac{1}{2}$ szklanki posiekanej czerwonej papryki
- $\frac{1}{2}$ łyżeczki Sól; do smaku
- $\frac{1}{2}$ łyżeczki pieprzu; do smaku
- 2 limonki; sok z
- Liście sałaty lub szatkowana kapusta; opcjonalny
- Ćwiartki limonki; opcjonalny
- gałązki kolendry; opcjonalny

INSTRUKCJE:
a) Marynuj rybę w soku z limonki i oliwie z oliwek przez 30 minut.
b) Grilluj ryby na grillu lub piecz w piekarniku przez łącznie 10 minut na cal grubości, około 5 minut z każdej strony. Ryba jest gotowa, gdy miąższ stanie się nieprzezroczysty w środku.
c) Podgrzej tortille, aż będą elastyczne. Z 2 tortillami w połowie zachodzącymi na siebie, umieść rybę na środku i udekoruj do smaku. Użyj wykałaczek lub rolki w woskowanym papierze, aby trzymać razem tacos.

SALSA KUKURYDZIANA

d) W średniej misce połącz wszystkie składniki. Odstawiamy na 1 godzinę do połączenia smaków.

73. Miękkie tacos z czerwonym lucjanem

Porcje: 4 Porcje

SKŁADNIKI:

- ¼ szklanki oliwy z oliwek
- 2 Czerwona cebula, przekrojona na pół i pokrojona w cienkie plasterki
- 1 łyżeczka soli
- 1½ łyżeczki pieprzu
- 2 łyżeczki posiekanego świeżego tymianku
- 1½ funta lucjan czerwony, pokrojony na kawałki wielkości kęsa
- 1 łyżeczka mielonego czosnku
- 2 łyżeczki soku z limonki
- 2 łyżeczki sosu sojowego
- 2 łyżeczki posiekanego świeżego oregano
- 8 Miękkie tortille kukurydziane, podgrzane
- 3 szklanki posiekanej sałaty

INSTRUKCJE:

a) Na patelni rozgrzej 2 łyżki oleju na umiarkowanie dużym ogniu, aż będzie gorący. Dodaj cebulę, sól, ½ łyżeczki pieprzu i tymianek i smaż na głębokim złotym kolorze.

b) Rozgrzej drugą patelnię na umiarkowanie dużym ogniu, aż będzie gorąca i dodaj pozostałe 2 łyżki oleju. Zamieszaj i dodaj lucjana.

c) Smaż przez 2 minuty, często obracając, dodaj czosnek, sok z limonki i sos sojowy i smaż, aż płyn prawie odparuje, a lucjan nabierze lekko złotego koloru.

d) Dodać oregano i pozostały pieprz i wymieszać. Dodaj mieszankę cebuli i dobrze wymieszaj.

e) Napełnij tortille sałatą i posyp mieszanką lucjanów i cebuli.

74. Świeże Owocowe Tacos

SKŁADNIKI:

- Pełnoziarniste tortille (małe)
- Woda
- Mielony cynamon
- Cukier
- Jogurt grecki (o smaku waniliowym)
- Do wyboru świeże owoce (pokrojone w kostkę):
- Truskawki
- Mango
- Ananasy
- Kiwi

INSTRUKCJE:

a) Rozgrzej piekarnik do 325 ° F.

b) Za pomocą okrągłej, plastikowej foremki do ciastek wytnij z tortilli pełnoziarnistej małe kółka (ok. 2 na małą tortillę).

c) Połóż te małe tortille na blasze do pieczenia. Umieść wodę w małej misce; lekko pokryj wierzch tortilli wodą za pomocą pędzla do fastrygowania.

d) Wymieszaj w misce niewielką ilość mielonego cynamonu i cukru; Oprósz wilgotne tortille mieszanką cynamonu i cukru.

e) Używając szczypiec, pojedynczo ułóż każdą tortillę na ruszcie w tosterze, pozwalając bokom tortilli spaść między dwoma metalowymi prętami na ruszcie.

f) Pieczemy ok. 5-7 minut, okresowo sprawdzając tortille.

g) Za pomocą szczypiec podnieś tortille ze stojaka i przenieś na stojak do chłodzenia; tortille powinny pozostać w tej pozycji do góry nogami, aby ostygły, co jest ostatnim etapem formowania kształtu taco.

h) Przenieś schłodzone skorupki taco na talerz i umieść porcję waniliowego jogurtu greckiego w skorupce tortilli; łyżką wygładź i przykryj spód i boki muszli.

i) Włóż swoje ulubione owoce do muszli i ciesz się!

75. Niskotłuszczowe kakaowe tacos z nadzieniem owocowym

Porcje: 6 porcji

SKŁADNIKI:
- ¼ szklanki mąki
- ¼ szklanki) cukru
- 1 łyżka kakao do pieczenia
- 2 łyżki mleka 2%.
- 2 łyżki oleju
- 1 Białko jajka
- 1 łyżeczka ekstraktu waniliowego
- Sól dla smaku
- 8 uncji Jogurt o niskiej zawartości tłuszczu o smaku owocowym
- 4 owoce kiwi; obrane, pokrojone w plastry
- 6 dużych truskawek; pokrojony
- 8 uncji coulis z mango
- 1 uncja sosu malinowego
- 1 litr Świeże maliny
- 6 gałązek świeżej mięty

INSTRUKCJE:
a) Połącz pierwsze 8 składników w misce; ubijać do gładkości. Schładzamy pod przykryciem przez 2 godziny.

b) Umieść 3 łyżki stołowe na raz na rozgrzanej nieprzywierającej 8-calowej patelni na średnim ogniu. Gotuj przez 2 minuty lub do momentu, aż ciasto będzie suche; zakręt. Gotuj jeszcze 1 minutę. Zdejmij i ułóż na ruszcie; schłodzić przez 15 do 20 minut.

c) Rozłóż jogurt na połowie każdej upieczonej muszli. Zamień 5 plasterków kiwi i 5 plasterków truskawek na jogurcie. Złóż muszle, tworząc tacos.

d) Rozłóż coulis z mango w owalu o wymiarach 3 x 4 cale na dolnych połówkach 6 talerzy.

e) Wyszprycować sos malinowy w 2 paski w poprzek coulis. Przemieszaj sosy nożem.

f) Umieść 1 taco obok coulis na każdym talerzu. Udekoruj każdy talerz malinami i miętą.

76. Kokosowe taco z owocami

Porcje: 6 porcji

SKŁADNIKI:
- ⅓ szklanki Upieczony kokos
- 1 szklanka truskawek, pokrojonych
- ½ szklanki Bezpestkowych zielonych winogron, przekrojonych na pół
- 1 średnie jabłko, obrane, pozbawione gniazd nasiennych i posiekane
- 1 mały banan, pokrojony
- 2 łyżki Nalewane owoce, dowolny smak
- 6 muszelek taco
- ⅓ szklanki jogurtu waniliowego

INSTRUKCJE:
a) Rozłóż kokos na blasze do pieczenia.

b) Tosty w piekarniku o temperaturze 350 F przez 7 do 12 minut, często mieszając.

c) W międzyczasie w średniej misce wymieszaj truskawki, winogrona, jabłko, banana i płynne owoce.

d) Napełnij muszle taco równomiernie owocami.

e) Na wierzch równomiernie nadziewane tacos jogurtem.

f) Posypać prażonym kokosem.

77. Smażone tacos z ananasem i pomarańczą z tartą czekoladą

Porcje: 6 porcji

SKŁADNIKI:
- $\frac{1}{2}$ średniego ananasa; obrane, pozbawione gniazd nasiennych, pokrojone na 1
- 2 pomarańcze; obrane, wypestkowane, pokrojone w plastry
- 2 łyżki Ciemno brązowego cukru
- 4 łyżki masła
- $1\frac{1}{2}$ łyżki cukru pudru
- 6 Tortille kukurydziane lub mączne
- $1\frac{1}{2}$ szklanki ciężkiej (do ubijania) śmietany
- $\frac{1}{2}$ szklanki Rozdrobnione świeże liście mięty
- 2 uncje gorzkiej czekolady; drobno starty

INSTRUKCJE:
a) Umieść kawałki ananasa i pomarańczy na dużej, niereaktywnej patelni. Posypać brązowym cukrem.
b) Gotuj na średnim ogniu, aż zaczną brązowieć, około 3 minut.
c) Obróć i smaż z drugiej strony, aż płyn odparuje, a kawałki się zrumienią, jeszcze 2 do 3 minut.
d) Wyjmij i odłóż na bok.
e) Umieść 1 łyżkę masła i $\frac{1}{2}$ łyżki cukru pudru na patelni wystarczająco dużej, aby pomieścić tortillę.
f) Postaw na średnim ogniu, aż masło i cukier się rozpuszczą. Zamieszać.
g) Dodaj tortillę i smaż przez 30 sekund.
h) Obróć i smaż z drugiej strony, aż zbrązowieją i będą lekko chrupiące, jeszcze 30 do 45 sekund. Usunąć.

i) Kontynuuj z pozostałymi tortillami, dodając więcej masła i cukru na patelnię w razie potrzeby.

j) Aby złożyć, ubij śmietanę, aż utworzą się miękkie szczyty. Rozłóż około ⅓ szklanki mieszanki ananasowo-pomarańczowej na środku posypanej cukrem tortilli.

k) Na wierzchu udekoruj bitą śmietaną, listkami mięty i posyp startą czekoladą. Złóż i podawaj.

78. Rybne taco dla dzieci

Porcja: 1 porcja

SKŁADNIKI:
- Mrożone panierowane paluszki rybne
- Sos taco
- Sałata
- Pomidor, pokrojony w kostkę
- Ser Cheddar, tarty
- Kwaśna śmietana
- Muszle taco

INSTRUKCJE:
a) Ugotuj paluszki rybne zgodnie z instrukcją na opakowaniu.
b) Po ugotowaniu umieść jeden paluszek rybny w każdym taco.
c) Dodaj różne dodatki i natychmiast podawaj.

79. Taco z lodami

Porcje: 6 porcji

SKŁADNIKI:
- 2 łyżki cukru
- ½ łyżeczki mielonego cynamonu
- 1½ łyżki masła, roztopionego
- 8 (5-calowych) muszli taco
- 1 kwarta lodów o dowolnym smaku

INSTRUKCJE:
a) W filiżance wymieszaj cukier i cynamon. Odłożyć na bok. Lekko posmaruj masłem wnętrze każdej muszli taco. posypać mieszanką cukru, odstawić. Zdejmij pokrywę z kartonu lodów.

b) Wyjąć lody i położyć na desce do krojenia.

c) Kroimy na cztery plastry. Każdy plasterek przekroić na pół. Umieść każdą połówkę w przygotowanej skorupce taco. Ułóż taco z lodami na blasze do pieczenia o wymiarach 13 x 9 x 2 cale.

d) Przykryj szczelnie folią spożywczą lub folią i zamroź.

e) W czasie serwowania przełóż tacos na talerz.

f) Podawaj z różnymi dodatkami, takimi jak pokrojone truskawki, jagody, bita śmietana, posiekane orzechy, prażony kokos, sos czekoladowy lub karmelowy.

80. Chrupiące tacos z ciecierzycy

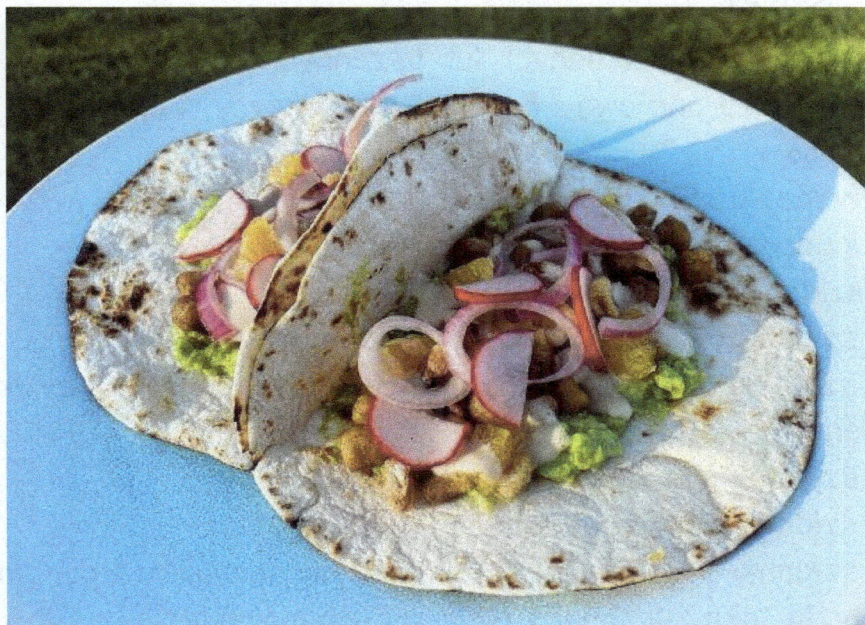

Porcje: 6 tacos

SKŁADNIKI:
- 6 tortilli kukurydzianych lub pszennych
- Jedna 15-uncjowa puszka ciecierzycy, opłukana i osuszona
- $\frac{1}{2}$ łyżeczki chili ancho w proszku
- 3 szklanki posiekanej zielonej kapusty
- 1 szklanka startej marchewki
- $\frac{1}{2}$ szklanki cienko pokrojonej czerwonej cebuli
- $\frac{1}{2}$ szklanki pestek i pokrojonej w drobną kostkę papryki poblano
- $\frac{1}{2}$ szklanki posiekanej zielonej cebuli
- $\frac{1}{4}$ szklanki posiekanej świeżej kolendry
- $\frac{1}{4}$ szklanki tofu majonezu z orzechów nerkowca 1 porcja
- 2 łyżki soku z limonki $\frac{1}{4}$ łyżeczki soli morskiej
- 1 awokado, bez pestki i pokrojone
- 1 łyżka Srirachy

INSTRUKCJE:
a) Rozgrzej piekarnik do 375 ° F.
b) Uformuj tortille, umieszczając je w nieprzywierającej - misce nadającej się do pieczenia w piekarniku i piecz w piekarniku, aż będą chrupiące, 5-10 minut.
c) W dużej misce rozgnieść ciecierzycę widelcem i posypać chili w proszku.
d) Dodaj kapustę, marchewkę, czerwoną cebulę, paprykę poblano, zieloną cebulę, kolendrę, majonez i sok z limonki.
e) Dokładnie wymieszaj, dodając sól na końcu.

f) Podziel sałatkę na miseczki taco i udekoruj pokrojonym w plasterki awokado. Dodaj Srirachę, jeśli lubisz pikantne tacos.

81. Tempeh tacos

Porcje: 3 do 4 porcji

SKŁADNIKI:
- Olej do patelni
- 1 opakowanie (8 uncji) tempeh
- 1¾ szklanki niesłodzonego mleka ryżowego
- 1 łyżka musztardy Dijon
- 1 łyżka sosu sojowego lub tamari
- ½ łyżeczki papryki
- 2 łyżki płatków dulse
- 1 łyżka drożdży odżywczych
- ¼ szklanki mąki kukurydzianej
- 13. szklanka bułki tartej w panko
- 1 łyżka maranta Tortille kukurydziane, na tacos
- 1 awokado, pokrojone

INSTRUKCJE:
a) Rozgrzej piekarnik do 350 stopni F. Spryskaj blachę do pieczenia olejem. Pokrój tempeh na kawałki o długości 2 cali i grubości ½ cala. Mokre składniki wymieszać i odstawić.

b) Umieść suche składniki w robocie kuchennym i pulsuj kilka razy, aż mieszanina stanie się drobną mąką. Umieść w małej misce. Zanurz każdy kawałek tempeh w mieszance mleka ryżowego, a następnie wymieszaj z mieszanką bułki tartej.

c) Umieść na blasze do pieczenia w trzech rzędach w odległości około cala od siebie. Spryskaj kawałki olejem, a następnie piecz przez 15 minut. Odwróć i piecz kolejne 15 minut.

d)Podawaj od razu w tortilli kukurydzianej z pokrojonym awokado i salsą mango-brzoskwinia.

82. Grzybowe Tacos Z Kremem Chipotle

Robi: 4

SKŁADNIKI:
- 1 średnia czerwona cebula, cienko pokrojona
- 1 duże pieczarki portobello, pokrojone w kostkę o boku $\frac{1}{2}$ cala
- 6 ząbków czosnku, posiekanych
- Sól morska do smaku
- 12 6-calowych tortilli kukurydzianych
- 1 szklanka sosu śmietankowego Chipotle
- 2 szklanki posiekanej sałaty rzymskiej
- $\frac{1}{2}$ szklanki posiekanej świeżej kolendry

INSTRUKCJE:
a) Rozgrzej dużą patelnię na średnim ogniu.
b) Dodać czerwoną cebulę i pieczarki portobello i smażyć mieszając przez 4 do 5 minut.
c) Dodaj wodę 1 do 2 łyżek stołowych na raz, aby zapobiec przywieraniu cebuli i grzybów.
d) Dodaj czosnek i gotuj przez 1 minutę. Sezon z solą.
e) Podczas gdy grzyby się gotują, dodaj 4 tortille na nieprzywierającą patelnię i podgrzewaj je przez kilka minut, aż zmiękną.
f) Odwróć je i podgrzewaj jeszcze przez 2 minuty. Usunąć

83. Tacos z soczewicy, jarmużu i komosy ryżowej

Porcje: 8 porcji

SKŁADNIKI:
POŻYWNY
- 3 szklanki komosy ryżowej, ugotowanej (1 szklanka suchej)
- 1 szklanka ugotowanej soczewicy (½ szklanki suchej)
- Jedna porcja przyprawy do Taco
- 1 łyżka oleju kokosowego
- 3 duże liście jarmużu, łodygi usunięte, posiekane
- Muszle taco z niebieskiej kukurydzy

DODATKI
- 2 awokado, bez pestek, obrane i pokrojone w plastry
- Świeże liście kolendry Świeże kliny wapna

INSTRUKCJE:
a) W dużym garnku ogrzanym do średniego poziomu wymieszaj ugotowaną komosę ryżową, soczewicę, przyprawę Taco, olej kokosowy i jarmuż. Dobrze mieszaj przez 3-5 minut, aż liście zwiędną pod wpływem ciepła.

b) Tostowe muszle taco na wyłożonej pergaminem blasze do pieczenia zgodnie z instrukcjami producenta.

c) Załaduj muszle nadzieniem, a następnie udekoruj awokado, kolendrą i odrobiną limonki. Podawaj na ciepło.

84. Kukurydziana Salsa Zwieńczona Czarną Fasola Tacos

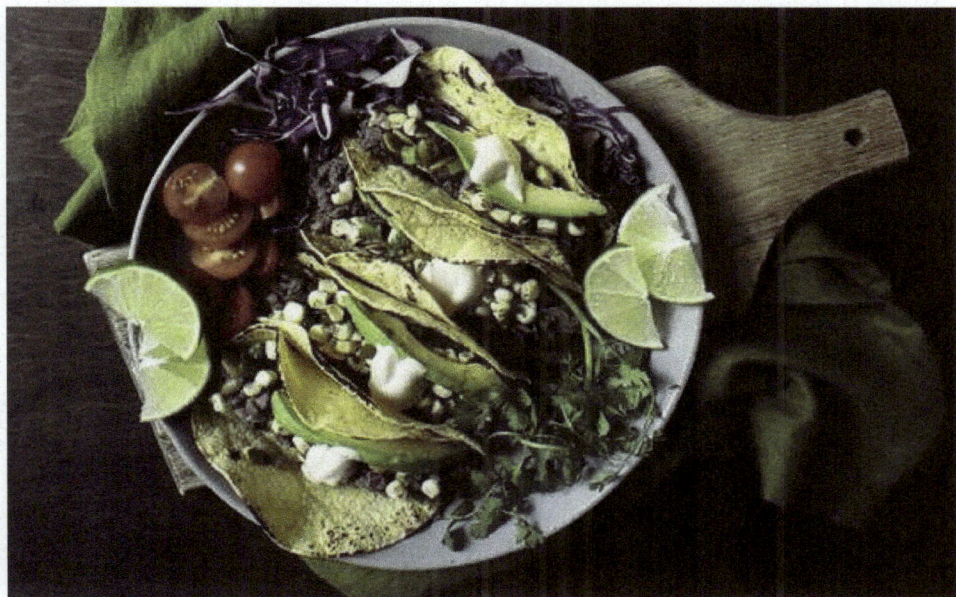

Robi: 4

SKŁADNIKI:
- Gotowanie oliwy z oliwek
- 2 ząbki czosnku
- 2 ½ szklanki czarnej fasoli, opłukanej i odsączonej
- ¼ szklanki płatków owsianych
- ¼ szklanki mąki kukurydzianej
- 1 łyżka czerwonego chili w proszku
- 1 łyżeczka soli koszernej, podzielona
- ½ łyżeczki czarnego pieprzu (zmielonego i podzielonego)
- 8 tortilli kukurydzianych (małych)
- 1 szklanka kukurydzy, rozmrożona, jeśli jest zamrożona
- 1 czerwona papryka (średnia, posiekana)
- 1 zielona papryczka chilli (mała, pokrojona w kostkę)
- 2 szalotki (posiekane)
- 2 limonki (wyciśnięte)
- ¼ szklanki świeżej kolendry (posiekanej)

INSTRUKCJE:
a) Rozgrzej piekarnik do 400 ° F i spryskaj olejem kuchennym blachę do pieczenia.

b) Dodaj posiekany czosnek do maszyny przetwarzającej z fasolą, owsem, chili i mąką kukurydzianą. Dodaj sól i pieprz przed przetwarzaniem mieszanki.

c) Przygotuj blachę do pieczenia i rozłóż na niej powstałą masę. Pamiętaj, aby spryskać go olejem jadalnym przed pieczeniem mieszanki przez 20 do 30 minut.

d) przed spryskaniem go większą ilością oleju jadalnego i kontynuuj pieczenie. Pomaga to zapewnić równomierne pieczenie całej mieszanki.

e) Po upieczeniu wyjmij mieszankę fasoli do miski i dobrze wymieszaj z kukurydzą, papryką, chili i szalotką.

f) Tortille należy zawinąć w folię i podgrzać w piekarniku przez 5 minut.

g) Rozłóż mieszankę fasoli na tortille i podawaj z salsą kukurydzianą i kolendrą.

85. Grillowane Taco Haloumi

Robi: 4

SKŁADNIKI:
- Oliwa z oliwek
- 2 obrane kłosy kukurydzy
- Sól koszerna
- Czarny pieprz
- 1 mała, czerwona cebula, pokrojona w plasterki
- ½ kg sera halloumi, pokrojonego w grube plastry
- 8 tortilli kukurydzianych

INSTRUKCJE:
a) Przygotuj grill nastawiając go na średni-wysoki ogień i dokładnie natłuść ruszty.

b) Lekko posmaruj łuski kukurydzy olejem i dopraw solą i pieprzem. Wrzuć krążki cebuli z olejem, solą i pieprzem. Grilluj oba składniki, 10-15 minut w przypadku kukurydzy i 4 minuty w przypadku cebuli, często obracając, aby upewnić się, że jest miękka i miejscami zwęglona.

c) Gdy kukurydza ostygnie, odetnij jądra z kolb i umieść je w średniej misce.

d) Posmaruj ser odrobiną oleju, a po doprawieniu odrobiną soli i pieprzu grilluj go raz z każdej strony, aby całkowicie się zwęglił i ogrzał.

e) Podgrzej tortille w kuchence mikrofalowej lub na chłodniejszej części grilla, aby zmiękły.

f) Podziel ser na tortille, posyp je cebulą, kukurydzą, awokado, kolendrą, salsą i kawałkami limonki.

86. Proste wegańskie taco

Tworzy: 1

SKŁADNIKI:
- 2 taco pszenne
- ½ szklanki czarnej fasoli
- 1 awokado, pokrojone
- 2 pomidorki koktajlowe, pokrojone w ćwiartki
- 1 cebula, posiekana
- Świeża pietruszka
- Sok limonkowy
- 1 łyżka oliwki
- olej
- Sól
- Twój wybór ostrego sosu

INSTRUKCJE:
a) Podgrzej taco, aby dokładnie je ogrzać.
b) Umieść wszystkie składniki na taco w dowolnej kolejności. Możesz również podgrzać wszystkie warzywa na średniej patelni.
c) Wystarczy rozgrzać olej, dodać cebulę, fasolę i pomidorki koktajlowe i posypać całość odrobiną soli.
d) Wyjąć po minucie ciągłego mieszania.
e) Podawaj tacos, posypane natką pietruszki, pokrojonym awokado, odrobiną soku z limonki i ostrym sosem chili do zanurzenia.

87. Taco z fasolą i grillowaną kukurydzą

Tworzy: 2

SKŁADNIKI:
- 2 taco kukurydziane
- ½ szklanki czarnej fasoli
- Grilowana kolba kukurydzy
- 1 awokado, pokrojone
- 2 pomidorki koktajlowe, pokrojone w ćwiartki
- 1 mała cebula, posiekana
- Świeża pietruszka
- ¼ łyżeczki kminku
- Sól
- Świeżo mielony czarny pieprz
- 1 łyżka oleju do grillowania

INSTRUKCJE:
a) Przygotuj grill nastawiając go na średni-wysoki ogień i dokładnie natłuść ruszty.
b) Lekko posmaruj łuski kukurydzy olejem i dopraw solą i pieprzem. Grilluj kukurydzę przez 10-15 minut, często obracając, aby upewnić się, że jest miękka i miejscami zwęglona.
c) Gdy kukurydza ostygnie, odetnij jądra z kolb i umieść je w średniej misce.
d) Wymieszaj z czarną fasolą, pokrojonym awokado, pomidorkami koktajlowymi, posiekaną cebulą, świeżą pietruszką i dopraw solą, czarnym pieprzem i kminkiem. Wyciśnij trochę świeżej limonki, aby uzyskać pikantne nadzienie.
e) Nałóż na taco i delektuj się ulubionym dipem.

88. Sałatka z czarnej fasoli i ryżu Taco

Robi: 4

SKŁADNIKI:
● Muszle taco
● 3 Limonka, skórka i sok
● 1 szklanka pomidorków koktajlowych, każdy pokrojony na 4 części
● $\frac{1}{4}$ szklanki octu z czerwonego wina
● $\frac{1}{4}$ szklanki Czerwona cebula, małe kostki
● $\frac{1}{4}$ szklanki mieszanki kolendry, bazylii i cebuli, wszystkie z szyfonu
● 1 łyżeczka Czosnek, posiekany
● 1 puszka kukurydzy, odsączonej
● 1 zielona papryczka chili, pokrojona w drobną kostkę
● 1 Czerwona, pomarańczowa lub żółta papryka
● 1 puszka czarnej fasoli, odsączonej
● 1 $\frac{1}{2}$ szklanki białego ryżu, ugotowanego i utrzymywanego w cieple
● Sól i pieprz do sezonu.

INSTRUKCJE:
a) Pokrój pomidorki koktajlowe na ćwiartki. Marynuj z pokrojoną w kostkę czerwoną cebulą, octem winnym, czosnkiem i solą przez 30 minut.
b) Zbierz i przygotuj paprykę, zioła i limonki. Połącz je wszystkie razem z odsączoną czarną fasolą i kukurydzą, dobrze dopraw solą i pieprzem.
c) Dodaj mieszankę pomidorową do mieszanki fasoli. Następnie dodaj ciepły ryż. W razie potrzeby posmakuj i dodaj sól.
d) Podawać w muszlach taco.

89. Tacos z orzechami włoskimi do żucia

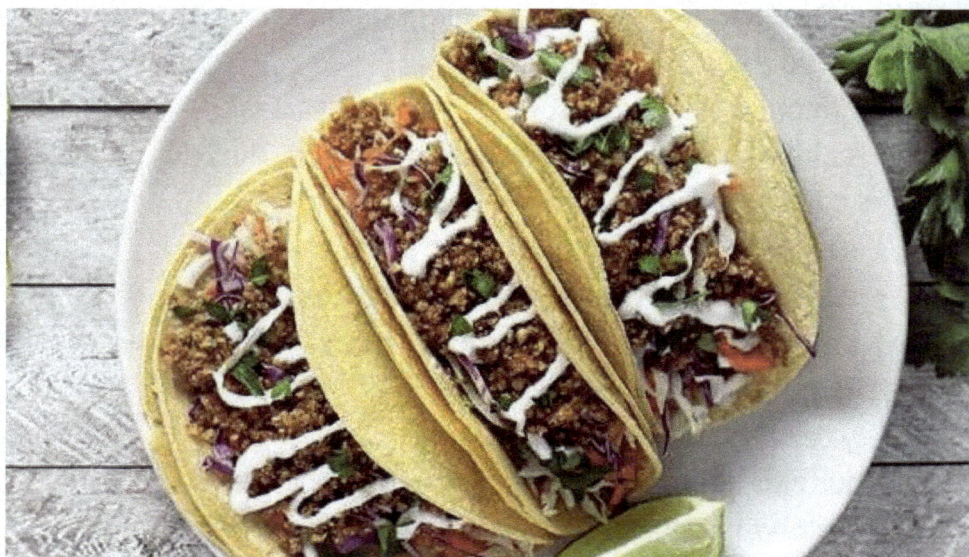

Robi: 4

SKŁADNIKI:
MIĘSO Z TAKO
- 1 szklanka surowych orzechów włoskich
- 1 łyżka płatków drożdżowych
- 1 łyżka tamari
- ½ łyżeczki mielonego kminku
- ¼ łyżeczki pieprzu chipotle w proszku
- 1 łyżeczka chilli

POŻYWNY
- 1 awokado Hass
- 1 pomidor Roma, pokrojony w drobną kostkę
- 6 łyżek dipu z wędzonego sera nerkowca
- 4 duże liście sałaty

INSTRUKCJE:
MIĘSO Z TAKO
a) Umieść orzechy włoskie, odżywcze drożdże, tamari, chili w proszku, kminek i chipotle w proszku w robocie kuchennym i puree, aż mieszanina będzie przypominać grube okruchy.

POŻYWNY
b) W przypadku dodatków umieść awokado w małej misce i rozgnieć widelcem, aż będzie gładkie. Wmieszać pomidora.

c) Aby złożyć każde taco, umieść liść sałaty na desce do krojenia żeberkami do góry. Umieść ¼ szklanki Walnut Taco Meat na środku arkusza.

d) Na wierzchu połóż 1½ łyżki dipu z sera nerkowca i jedną czwartą mieszanki z awokado.

90. <u>Seitan Tacos</u>

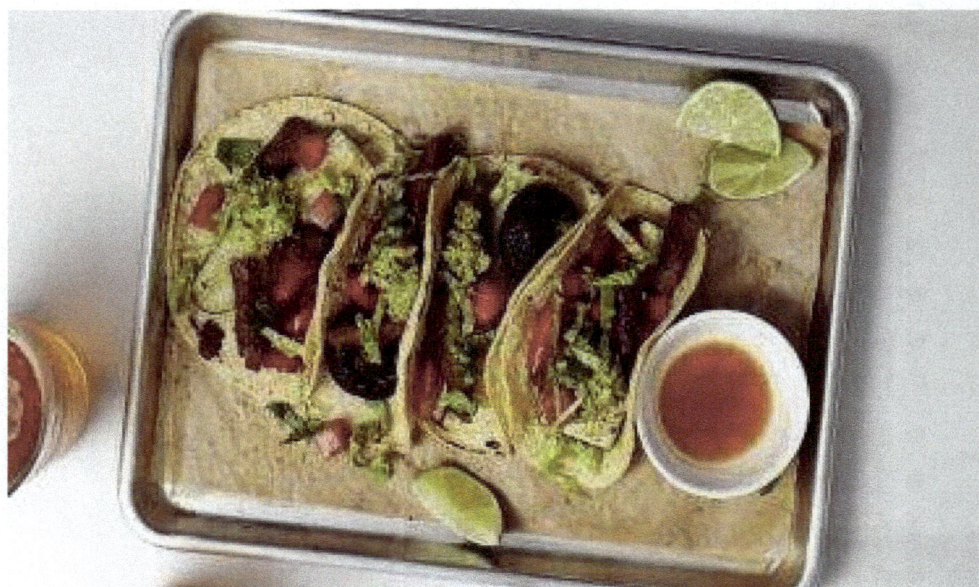

Porcje: 4 tacos

SKŁADNIKI:
- 2 łyżki oliwy z oliwek
- 12 uncji seitanu
- 2 łyżki sosu sojowego
- 11/2 łyżeczki chili w proszku
- 1/4 łyżeczki mielonego kminku
- 1/4 łyżeczki czosnku w proszku
- 12 (6-calowych) miękkich tortilli kukurydzianych
- 1 dojrzałe awokado Hass
- Posiekana sałata rzymska
- 1 szklanka salsy pomidorowej

INSTRUKCJE:
a) Na dużej patelni rozgrzej olej na średnim ogniu. Dodaj seitan i gotuj, aż się zrumieni, około 10 minut. Posypać sosem sojowym, chili w proszku, kminkiem i czosnkiem w proszku, mieszając, aby pokryć. Zdjąć z ognia.
b) Rozgrzej piekarnik do 225°F. Na średniej patelni rozgrzej tortille na średnim ogniu i ułóż je na talerzu żaroodpornym. Przykryj je folią i umieść w piekarniku, aby pozostały miękkie i ciepłe.
c) Wydrylować i obrać awokado i pokroić w plastry o grubości 1/4 cala.
d) Ułóż nadzienie taco, awokado i sałatę na talerzu i podawaj razem z podgrzanymi tortillami, salsą i dodatkowymi dodatkami.

91. Wspaniałe tacos z tofu

Porcje: 6 porcji

SKŁADNIKI:
- 1 funt Twarde tofu; pokroić w półcentymetrową kostkę
- 2 łyżki czerwonego chili w proszku
- $\frac{1}{4}$ szklanki wegetariańskiego sosu Worcestershire
- Spray do gotowania
- $\frac{1}{2}$ czerwona cebula; posiekana
- $\frac{1}{4}$ szklanki posiekanej kolendry
- 1 szklanka posiekanej czerwonej kapusty
- 1 puszka wegetariańskiej smażonej czarnej fasoli
- 12 Tortille z mąki
- Salsa

INSTRUKCJE:
a) W dużej misce delikatnie wymieszaj tofu z chili w proszku i sosem Worcestershire. Odstaw na co najmniej godzinę. Rozgrzej piekarnik do 400 F. Lekko spryskaj blachę do pieczenia sprayem do gotowania. Równomiernie rozłóż tofu.

b) Lekko spryskać wierzch tofu i piec przez około 20 minut, aż tofu będzie rumiane i lekko chrupiące. Wyjąć z piekarnika i lekko ostudzić. W średniej misce połącz cebulę, kolendrę i kapustę.

c) Rozłóż tortille na 2 do 3 blachach do pieczenia, tak aby prawie na siebie nie zachodziły.

d) Posmaruj środek każdej z nich około $1\frac{1}{2}$ łyżki fasoli i wstaw do piekarnika na około 10 minut, aż tortille zaczną się rumienić, a fasola będzie gorąca.

e) Umieść równe ilości tofu na środku każdej tortilli.

f) Posyp mieszanką cebuli, kapusty i kolendry, złóż na pół i umieść na półmisku. W razie potrzeby podawaj z salsą.

92. Radżas z Crema Tacos

SKŁADNIKI:
POŻYWNY:
- 5 Papryczki Poblano, upieczone, obrane, pozbawione nasion, pokrojone w paski
- ¼ wody
- 1 Cebula, biała, duża, cienko pokrojona
- 2 ząbki czosnku, posiekane
- ½ szklanki bulionu warzywnego lub bulionu

KREM:
- ½ szklanki Migdały, surowe
- 1 ząbek czosnku
- ¾ szklanki wody
- ¼ szklanki mleka migdałowego, niesłodzonego lub oleju roślinnego
- 1 łyżka świeżego soku z cytryny

INSTRUKCJE:
a) Rozgrzej dużą patelnię do smażenia na średnim ogniu, dodaj wodę. Dodać cebulę i dusić przez 2-3 minuty lub do momentu, aż będzie miękka i przezroczysta.

b) Dodaj czosnek i ½ szklanki bulionu warzywnego, przykryj i gotuj na parze.

c) Dodaj papryczki Poblano i gotuj jeszcze przez 1 minutę. Dopraw solą i pieprzem. Zdjąć z ognia i lekko ostudzić.

d) Umieść migdały, czosnek, wodę, mleko migdałowe i sok z cytryny w blenderze i zmiksuj na gładką masę. Dopraw solą i pieprzem.

e) Wlej migdałową piankę na schłodzone nadzienie i dobrze wymieszaj.

93. Tacos Tinga ze słodkich ziemniaków i marchwi

SKŁADNIKI:

- $\frac{1}{4}$ szklanki wody
- 1 szklanka Cienko pokrojonej białej cebuli
- 3 ząbki czosnku, posiekane
- 2 $\frac{1}{2}$ szklanki startego słodkiego ziemniaka
- 1 szklanka startej marchwi
- 1 puszka (14 uncji) Pomidory pokrojone w kostkę
- 1 łyżeczka meksykańskiego oregano
- 2 papryczki chipotle w adobo
- $\frac{1}{2}$ szklanki bulionu warzywnego
- 1 awokado, pokrojone
- 8 tortilli

INSTRUKCJE:

a) Na dużej patelni do smażenia na średnim ogniu dodaj wodę i cebulę, gotuj przez 3-4 minuty, aż cebula będzie przezroczysta i miękka. Dodać czosnek i dalej smażyć mieszając przez 1 minutę.

b) Dodaj słodkiego ziemniaka i marchewkę na patelnię i gotuj przez 5 minut, często mieszając.

SOS:

c) Umieść pokrojone w kostkę pomidory, bulion warzywny, oregano i papryczki chipotle w blenderze i zmiksuj na gładką masę.

d) Dodaj sos chipotle-pomidorowy na patelnię i gotuj przez 10-12 minut, od czasu do czasu mieszając, aż słodkie ziemniaki i marchewka się ugotują. Jeśli to konieczne, dodaj więcej bulionu warzywnego na patelnię.

e) Podawaj na ciepłych tortillach i udekoruj plasterkami awokado.

94. <u>Tacos Ziemniaczane I Chorizo</u>

Porcje: 4 porcje

SKŁADNIKI:

- 1 łyżka oleju roślinnego, opcjonalnie
- 1 szklanka cebuli, biała, posiekana
- 3 szklanki ziemniaków, obranych, pokrojonych w kostkę
- 1 szklanka wegańskiego chorizo, ugotowanego
- 12 tortilli
- 1 szklanka Twojej ulubionej salsy

INSTRUKCJE:

a) Podgrzej 1 łyżkę oleju na dużej patelni sauté na średnim ogniu. Dodaj cebulę i gotuj, aż będzie miękka i przezroczysta, około 10 minut.

b) Gdy cebula się gotuje, umieść pokrojone ziemniaki w małym rondlu z osoloną wodą. Doprowadź wodę do wrzenia na dużym ogniu. Zmniejsz ogień do średniego i pozwól ziemniakom gotować się przez 5 minut.

c) Ziemniaki odcedzamy i wrzucamy na patelnię z cebulą. Zwiększ ciepło do średnio-wysokiego. Gotuj ziemniaki i cebulę przez 5 minut lub do momentu, aż ziemniaki zaczną się rumienić. W razie potrzeby dodaj więcej oleju.

d) Dodaj ugotowane chorizo na patelnię i dobrze wymieszaj. Gotuj jeszcze przez minutę.

e) Dopraw solą i pieprzem.

f) Podawaj z ciepłymi tortillami i wybraną salsą.

95. Letnie Calabacitas Tacos

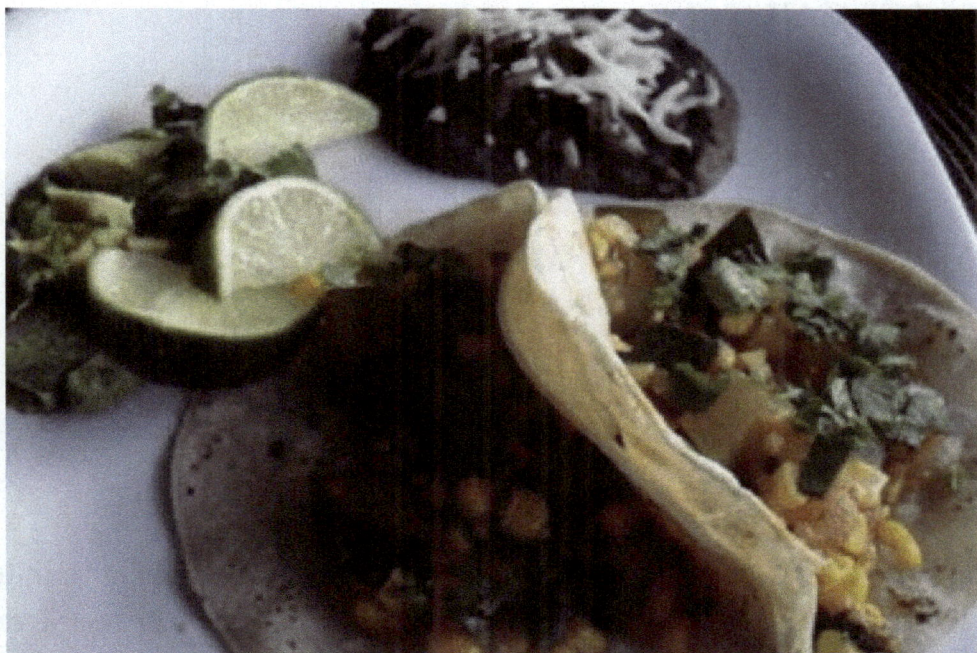

Porcje: 4 porcje

SKŁADNIKI:

- $\frac{1}{2}$ szklanki bulionu warzywnego
- 1 szklanka Cebula, biała, drobno pokrojona
- 3 ząbki czosnku, posiekane
- $\frac{1}{4}$ szklanki bulionu warzywnego lub wody
- 2 Cukinia, duża, pokrojona w kostkę
- 2 szklanki Pomidorów, pokrojonych w kostkę
- 10 tortilli
- 1 awokado, pokrojone
- 1 szklanka ulubionej salsy

INSTRUKCJE:

a) W dużym garnku z grubym dnem, na średnim ogniu; Dusić cebulę w $\frac{1}{4}$ szklanki bulionu warzywnego przez 2 do 3 minut, aż cebula będzie przezroczysta.

b) Dodaj czosnek i zalej pozostałą $\frac{1}{4}$ szklanki bulionu warzywnego, przykryj i gotuj na parze.

c) Odkryj, dodaj cukinię i gotuj przez 3-4 minuty, aż zacznie mięknąć.

d) Dodaj pomidory i gotuj jeszcze przez 5 minut, aż wszystkie warzywa będą miękkie.

e) Dopraw do smaku i podawaj na ciepłych tortillach z plastrami awokado i salsą.

96. Pikantne tacos z cukinii i czarnej fasoli

Porcje: 4 porcje

SKŁADNIKI:

- 1 łyżka oleju roślinnego, opcjonalnie
- ½ białej cebuli, cienko pokrojonej
- 3 ząbki czosnku, posiekane
- 2 cukinie meksykańskie, duże, pokrojone w kostkę
- 1 puszka (14,5 uncji) czarnej fasoli, odsączonej

SOS CHILE DE ARBOL:

- 2 - 4 Chile de Arbol, suszone
- 1 szklanka migdałów, surowych
- ½ Cebula, biała, duża
- 3 ząbki czosnku, nieobrane
- 1 ½ szklanki bulionu warzywnego, ciepłego

INSTRUKCJE:

a) Rozgrzej olej roślinny na średnim ogniu na dużej patelni do smażenia. Dodać cebulę i dusić przez 2-3 minuty, aż cebula będzie miękka i przezroczysta.

b) Dodaj ząbki czosnku i gotuj przez 1 minutę.

c) Dodaj cukinię i gotuj do miękkości, około 3-4 minut. Dodaj czarną fasolę i dobrze wymieszaj. Pozwól gotować jeszcze przez 1 minutę. Dopraw solą i pieprzem.

d) Aby zrobić sos: rozgrzej patelnię grillową lub żeliwną patelnię na średnim ogniu. Smażyć papryczki chilli z każdej strony, aż lekko się zarumienią, około 30 sekund z każdej strony. Zdjąć z patelni i odstawić.

e) Dodaj migdały na patelnię i praż na złoty kolor, około 2 minut. Zdjąć z patelni i odstawić.

f) Podsmaż cebulę i czosnek, aż będą lekko zwęglone, około 4 minuty z każdej strony.

g) Migdały, cebulę, czosnek i chilli umieść w blenderze. Dodać ciepły bulion warzywny. Przetwarzaj, aż będzie gładkie. Dopraw solą i pieprzem. Sos powinien być gęsty i kremowy.

97. Taco ze szparagami

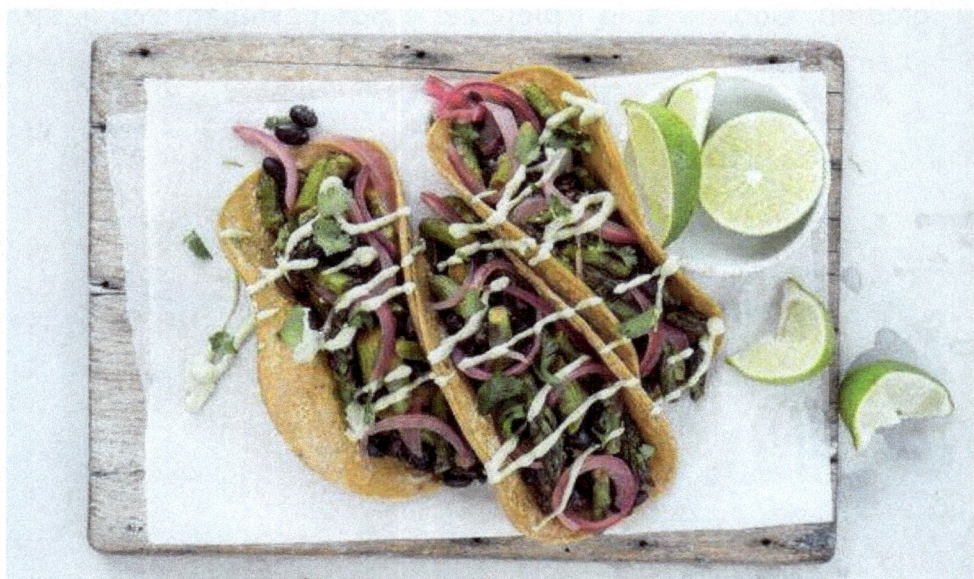

Porcja: 1 porcja

SKŁADNIKI:

- 4 żółte tortille kukurydziane
- 16 sztuk szparagów, grillowanych
- $\frac{1}{4}$ szklanki sera Monterey Jack, rozdrobnionego
- $\frac{1}{4}$ szklanki białego sera Cheddar, rozdrobnionego
- Sól i pieprz
- Oliwa z oliwek, do posmarowania

INSTRUKCJE:

a) Przygotuj grilla.

b) Na każde taco rozłóż $\frac{1}{4}$ sera i 4 kawałki szparagów na każdej tortilli, dopraw do smaku solą i pieprzem.

c) Zgięty w pół. Nasmaruj lekko zewnętrzną stronę oliwą z oliwek.

d) Grilluj przez 3 minuty z każdej strony lub do momentu, aż tortilla będzie chrupiąca, a ser się roztopi.

98. Taco z kiełkami fasoli z wołowiną

Porcje: 8 porcji

SKŁADNIKI:
- 12 uncji kiełków fasoli Fuji
- 16 muszelek taco
- ¼ sałaty, poszatkowanej
- ½ opakowania mieszanki przypraw Taco (1,6 uncji)
- 2 łyżki oleju roślinnego
- 1 Pomidor pokrojony w kostkę
- 1 funt mielonej wołowiny, ugotowanej/odsączonej

INSTRUKCJE:
a) Smaż kiełki fasoli Fuji w oleju na ogniu przez 30 sekund.
b) Dodaj wołowinę przygotowaną zgodnie z instrukcją mieszanki przypraw do taco.
c) Zdejmij z ognia, napełnij muszle taco żądaną ilością mieszanki, dodaj pomidora, sałatę i ser.

99. Taco z fasolą guacamole

Porcja: 1 porcja

SKŁADNIKI:

- 1 opakowanie muszli Taco
- 15 uncji Smażona fasola
- guacamole
- Posiekana cebula
- Pokrojone pomidory
- Rozdrobniony ser cheddar

INSTRUKCJE:

a) Podgrzej muszle taco w nagrzanym do 250 stopni piekarniku, aż do całkowitego podgrzania, 5 minut.

b) W małym rondlu gotuj fasolkę szparagową na małym ogniu, często mieszając, aż się dobrze rozgrzeje.

c) na każde taco włóż po 2 zaokrąglone łyżki stołowe, fasolę i guacamole do muszli taco, posyp cebulą, pomidorem i serem.

d) Można też dodać trochę posiekanej sałaty.

100. Tacos z soczewicy

Porcje: 4 Porcje

SKŁADNIKI:

- 1 szklanka cebuli; mielony
- ½ szklanki selera; mielony
- 1 ząbek czosnku; mielony
- 1 łyżeczka oliwy z oliwek
- 1 szklanka czerwonej soczewicy
- 1 łyżka chili w proszku
- 2 łyżeczki mielonego kminku
- 1 łyżeczka suszonego oregano
- 2 szklanki bulionu z kurczaka; odtłuszczone
- 2 łyżki rodzynek
- 1 szklanka łagodnej lub pikantnej salsy
- 8 tortilli kukurydzianych
- Rozdrobniona sałata
- Pokrojone pomidory

INSTRUKCJE:

a) Na dużej patelni na średnim ogniu podsmaż cebulę, seler i czosnek na oleju przez 5 minut. Wymieszaj soczewicę, chili w proszku, kminek i oregano. Gotuj przez 1 minutę. Dodaj bulion i rodzynki. Przykryj i gotuj przez 20 minut lub do momentu, aż soczewica zmięknie.

b) Zdejmij pokrywkę i gotuj, często mieszając, aż soczewica zgęstnieje, około 10 minut. Wmieszaj salsę.

c) Zawiń tortille w wilgotny ręcznik papierowy i wstaw do kuchenki mikrofalowej na 1 minutę lub do miękkości.

d) Podziel mieszankę soczewicy na tortille.

e) Na wierzchu sałata i pomidory.

WNIOSEK

Tacos to wszechstronny i smaczny posiłek, którym mogą się delektować osoby w każdym wieku. Dzięki nieskończonym możliwościom nadzienia i dodatków można je dostosować do preferencji smakowych każdego. Od prostych tacos z wołowiną i serem po bardziej wyszukane opcje wegetariańskie lub z owocami morza — każdy znajdzie przepis na taco. Więc następnym razem, gdy będziesz miał ochotę na szybki i satysfakcjonujący posiłek, rozważ przygotowanie pysznych tacos i pozwól swoim kubkom smakowym być zachwyconym.

Ingram Content Group UK Ltd.
Milton Keynes UK
UKHW020612120623
423287UK00008B/39

9 781835 005378